世界中に販路を拡げる
海外Webマーケティングの教科書

エクスポート・ジャパン株式会社代表取締役
高岡謙二

日本実業出版社

はじめに

　自社の専門分野に特化し、世界規模でビジネスを展開する会社が増えています。最も得意な分野にリソースを集中し、その固有のサービスや製品を世界に供給できる会社こそが、競争力をもった会社として生き残っていけるからです。そして、そうしたニッチでグローバルな会社間の連携もまた進んでいきます。
　このような状況を可能としたのは、いうまでもなくインターネットと、世界共通語としての英語の普及です。誰もが多くの専門的な情報にアクセスできるようになったことで、たとえ中小企業であっても、きらりと光るものが1つあれば、世界のマーケットを開拓するチャンスが生まれているのです。

　最も得意とする分野の情報について、より深く、より詳細に伝えていくことによって、より自社にマッチしたビジネスパートナーを見つけやすくなります。具体的には、自社の「外国語webサイト」を世界への情報発信基地ととらえて、そこから自社独自の情報を正しく伝えていくことが、グローバルビジネスの入口となるのです。
　そうした情報を発信するために、まずは自社の強みを徹底的に洗い出すことが必要です。そのうえで、その内容を深く正確に表現し、検索エンジンなどでも探してもらいやすい工夫を施していくことです。
　本書では、自社の外国語webサイトの構築と運用のやりかたをベースに、成果の上がる情報発信の方法を説明していきます。海外市場の攻略は、それなしに成し得ません。

　IT環境の普及によって、情報の受け手側も、自分の求める情報を見つけやすくなっています。つまり、適切な表現と方法により情報発

信をすれば、その情報を求めている人にどこかで伝わります。

　自社の技術やノウハウを必要としている人たちは、自分の回りだけでなく、世界の反対側にいるかもしれません。そういう人たちに情報を伝えることで、自分たちがもっている技術やノウハウに、より高い付加価値を見出してもらえるということも起こり得ます。それは、情報を世界に発信してみないと永久にわからないことなのです。

　どのようなタイプの企業にとっても、国内だけで物事を考えられない時代になっていることは間違いないようです。そして、自分たちが所属する業界における世界全体でのポジショニングを常に意識していないと、方向性を誤る危険にさらされます。だからこそ、情報収集は必須となりますが、逆に、自分たちの技術・強みを正確に把握してもらうためにも、先方に情報収集をしてもらえる環境をつくっておかなければなりません。

　そのためにも絶対に必要なのが、「外国語webサイト」なのです。ぜひ、挑戦してみてください。

　なお、本書は、企業規模を問わず、また、外国人観光客の誘致を考える観光関係者、自治体関係者の方にも参考になるようまとめています。日本人がしてしまいがちな、海外市場攻略やwebサイト構築についての勘違いや間違いについても、できるかぎり記しました。多くの方のお役に立てれば幸いです。

2016年10月

　　　エクスポート・ジャパン株式会社　代表取締役　高岡謙二

> 世界中に販路を拡げる
> 海外Webマーケティングの教科書
> もくじ

はじめに

1章 商圏を世界に拡げるということ

❶ 世界はすでにグローバル化を終えている ……………12
- ▶自ら情報を発信することで情報を取りに行く時代　12
- ▶日本国内市場は「良すぎる市場」だった　13
- ▶海外市場がもつ成長の可能性　14
- ▶海外への売り込みにwebを使う理由　15

❷ 海外市場攻略は「高い山」なのか？ ……………17
- ▶海外市場と無縁の企業は存在しない　17
- ▶運用とプロモーションの重要性　18
- ▶自社の魅力と強みを正しく伝える　19

❸ なぜ外国語でサイトをつくるべきなのか……………21
- ▶「翻訳するだけ」では成果は上がらない　22
- ▶いかにして自社を探してもらうか　23

❹ 世界中を1つの商圏ととらえてみよう……………………24
　▶日本企業を世界へ向かわせる環境変化　24
　▶中国企業は外国語webサイトで海外進出　25

❺ 「こだわり」は世界を相手にしてこそ生きる……………27
　▶途上国の発展は日本企業にとってチャンス　27
　▶世界を相手にすれば「専門店」が成り立つ　28

❻ 世界で自社の「レイヤー」を確保する……………………30
　▶レイヤーを取るということ　30
　▶世界規模でのシェアを考える　31

❼ 日本市場は世界へ羽ばたく滑走路…………………………33

2章　成果を出す海外向けサイトはこうしてつくる

❶ まず、自社の強みを棚卸ししよう…………………………36
　▶企画フェーズでまずすべきこと　36
　▶「比較優位性」の裏付けをサイトで示す　37

❷ 結果にコミットする制作会社を選ぶ………………………40
　▶制作会社をビジネスパートナーとして考える　41

❸ 「構築」より「運用」を手厚くする………………………42
　▶「構築」と「運用」の予算は3：1　42

❹ 外国語webサイトの制作はこう進める ································44
　▶企画フェーズのポイント　44
　▶設計フェーズのポイント　46

❺ 最適なドメインの選定 ··49
　▶ドメイン名は知的財産の一部　52

❻ 最適なサーバーの選定 ··53
　▶中国向けに情報発信するサーバーは別に選ぶ　54

❼ "世界一"になるまで絞り込む ··56
　▶設計フェーズのポイント…製造業の場合　56
　▶設計フェーズのポイント…訪日客を集めたい自治体の場合　59

❽ ツリー構造のサイトで検索エンジンに最適化させる ·····63

❾ 海外向けネット販売の留意点 ··66
　▶それでも海外向けネット販売が成功するケース　67
　▶輸入規制と関税に留意する　69

❿ 決済機能の導入はこうする ··71
　▶英語での決済ゲートウェイの主流はペイパル　73
　▶中国向け決済ゲートウェイの主流はアリペイ　74

3章 国と言語の違いを乗り越える実践

❶ 結果を出せる翻訳にするために ……………………………… 76
- ▶日本語の特殊性を知っておこう　76
- ▶「1文字いくら」の翻訳は危険　79
- ▶翻訳会社を選んで発注する際の注意点　81
- ▶「英語が得意な日本人」が直してはダメ　82
- ▶クラウド翻訳という方法も　84

❷ 日本の外国語サイトによくある間違い ……………………… 87
- ▶○×△の表示は世界では通じない!?　87
- ▶文化や宗教に対する配慮も必要　89
- ▶知っておきたい文字コードの設定　89
- ▶サイト全体の統一性が重要　92
- ▶「数値」や「日付」の表記方法もこんなに違う　99
- ▶ネーミングの際の留意点　101
- ▶多言語展開は英語サイトをベースに　103

❸ 国によって違うインターネット事情 ………………………… 105
- ▶インターネット環境の地理による分類　105
- ▶インターネット環境の政治的傾向による分類　108
- ▶インターネット検閲をする国々　114
- ▶アジア各国における特徴（まとめ）　118

4章 効果的な運用とプロモーションのために

❶ 「運用フェーズ」で成果を上げるために ……………… 122
- ▶ 海外取引担当者は必ず置こう　122
- ▶ webサイトは人工の「漁礁」である　124
- ▶ 運用担当者がすべきこと　126
- ▶ 正しい運用の蓄積で加速度的に成果が上がる　127
- ▶ 取引に商社を介するメリットとデメリット　128

❷ 海外からの引き合いへの対応 ……………………………… 130
- ▶ 情報を発信すれば情報が集まる　130
- ▶ メールは「丁寧な返事」より「迅速な返事」を　132
- ▶ 引き合いメールの信用度を判断する　133
- ▶ 興味のもてないメールはスルーしてよい　136

❸ 海外への配送・輸出に関する留意点 ………………………… 138
- ▶ 各国の輸入規制と日本からの輸出規制　138
- ▶ 最適なプロバイダーを活用する　139

❹ 検索エンジンを使ったマーケティング ……………………… 140
- ▶ SEOとキーワード広告で補完関係をつくる　140
- ▶ 各国における検索エンジン市場　142
- ▶ ドメインの信用度が検索エンジンに与える影響　144
- ▶ スマートフォンへの対応が必須の時代へ　145

❺ SNSを使ったマーケティング ……………………………………… 146
　▶多言語でSNSを活用する際の注意点　146
　▶広告でも期待されるFacebook　147

❻ 外部サイトを利用したマーケティング ………………………… 149
　▶製造業関連のサイト　149
　▶旅行関係のサイト　150
　▶海外向けプレスリリース　151

❼ 動画や映像を使ったマーケティング …………………………… 152
　▶動画・映像が有効な4つのシチュエーション　152

❽ オフラインと連携したマーケティング ………………………… 154
　▶多言語対応ツール、QR Translator　154

5章　成功事例に学ぶ世界市場の攻め方

事例❶ レコード針のネット直販で世界中の愛好者の心をつかむ …………… 158
　──日本精機宝石工業株式会社
　▶はじめてのネット直販を決意　158
　▶2200種類の製品の検索用データをつくる　160
　▶レビューと口コミで人気に火がつく　162
　■コンシューマーの高い要求に応え続ける　専務取締役　仲川幸宏氏　164
　▶成功要因①……商品特性　167

- ▶成功要因②……技術力　168
- ▶成功要因③……長期間の継続的な努力　169

事例❷「絶対にゆるまないネジ」で世界各地のニーズに対応する……170
　　　──ハードロック工業株式会社

- ▶海外市場開拓への道のり　170
- ■国内の実績と裏付けを丁寧に発信　取締役企画部長　林 雅彦氏　173
- ▶webサイトに限らない多言語への取組み　176

事例❸訪日外国人から絶大な支持を受ける日本観光のポータルサイト……178
　　　──ジャパンガイド株式会社（japan-guide.com）

- ▶世界有数の日本観光サイト　178
- ▶ジャパンガイドの成り立ち　179
- ▶ジャパンガイドの運営ポリシー　180
- ▶「過剰なSEO」は長期的には無意味　182
- ▶成功要因①……外国人目線　183
- ▶成功要因②……継続性　183
- ▶成功要因③……ユーザーの声を吸い上げる仕組み　184

おわりに

カバーデザイン　志岐デザイン事務所（萩原 睦）
編集協力　林 知夏
本文DTP　一企画

1章

商圏を世界に拡げる
ということ

multilingual web site

1 世界はすでに グローバル化を終えている

▶▶▶ 自ら情報を発信することで情報を取りに行く時代

　当たり前だと思われるでしょうが、いま、世の中で起こっている経済活動は、すでにグローバル化されています。製造業であれ、サービス業であれ、金融であれ、いずれの業界においても、さまざまな経済活動は世界規模の動きに大きく左右されるようになっています。

　たとえば、各国の為替レートは、その時々の需給関係で変化します。もし、どこかが提示する交換レートがその瞬間の"時価"よりも高かったり安かったりすると、必ずその違いを埋める（さや抜きをして利ざやを稼ぐ）仕組みが現われるので、（特別に法的な規制が行なわれなければ）世界各国で取引されている為替レートは、どの国でも均一になります。

　製造業の場合でも、それぞれの国の人件費や労働力の質の高さ、インフラや法整備の度合いなどによって、どこの国に生産拠点や開発拠点を置くのかが決定されます。たとえば、19世紀にイギリスで育った繊維産業は、昭和に入って日本が世界の工場として牽引しましたが、その後、タイなどの新興国に移管し、そこから中国へ、そしていまはバングラデシュなどに移っています。

この移り変わりの最大の要因は、賃金格差の問題です。つまり、産業の国家間の移転が、各国の平均賃金の違いを埋めていく役割も果たしているのです。
　そして、そういった意思決定に使用される情報は、いまはインターネットを経由して瞬時に世界中を駆け巡ります。

　ただし、残念ながら、その際に使用されている言語は、英語が中心です。非常に重要な情報であっても、**日本語のみでしか発信されなければ、誰かがそれを見つけて自主的に翻訳してくれないかぎり、世界規模で行なわれている重要な意思決定に影響を与えることはない**のです。
　近年は人工知能等の進化で、いろいろな言語が機械的に翻訳されるようになっていますが、日本語の場合、その言語的な特殊性によってまだまだ難しい環境にあります。この詳細は3章で述べます。

　現在、世界人口約73億人（2016年9月現在）のうち、日本語が理解できる人口は1億3000万人未満です。そして、経済規模の面でも、世界でかつてほどの影響力をもつことができなくなりました。
　世界規模でみたときに、日本はすでに「相手が情報を与えてくれる」存在ではなくなり、私たちは自ら情報を発信し、自ら情報を取りに行かなくてはならなくなっているのです。

▶▶▶ 日本国内市場は「良すぎる市場」だった

　私自身もつい最近まで、そのように認識していなかったのですが、**戦後の日本国内市場は、そこで経済活動を行なう企業にとって「良すぎる」市場**だったのかもしれません。

終戦直後の1945年には7000万人強だった日本の人口は、85年までの40年間で1億2000万人まで拡大します。

　同じ期間に1人当たりのGNPも300倍以上に拡大しているので、とにかく周囲と歩調を合わせるだけで「伸びていける市場」であったことは容易に想像できます。そのうえ、日本は「日本語」という単一の言語でほぼすべての国内市場をカバーできるため、企業の側にとっては非常に効率的であるとともに、外国からは参入が難しいという大きなメリットがありました。

　さらに、世界で62番目という狭い国土面積に、世界で11番目に多い1億2000万人以上が暮らし、所得も比較的高い水準で平均化されているという「特殊」な市場なのです。しかし、国内市場の大きな成長要因であった人口が減少に転じ、GDPの極端な成長率も見込めない状況となって、私たちは明らかにそのマインドセットを変えなければいけない時期に来ています。

海外市場がもつ成長の可能性

　世界経済はいま、数世紀の単位で経験するような非常に大規模な変化の真っ只中にあります。それは、世界経済の中心が、欧米諸国からアジア諸国にシフトしていく変化です。2015年の世界全体のGDPに占めるアジア諸国の割合はまだ3割程度ですが、人口の増加率、経済成長の速度などを勘案すると、この割合が上昇していくことは容易に予測できます。

　そして、その中で、日本は独特の有利な立ち位置にあります。まず、地理的にアジアに位置していて、アジア諸国の中で、最も早く先進国の仲間入りを果たしました。先ほど、繊維産業が国をまたいで変遷してきたと述べましたが、現在でも日本に繊維産業が残っていないわけ

ではありません。しかし、残っているのは繊維産業の中の「付加価値が高い」業務のみです。

　つまり、日本はアジアの中でいち早く先進国の仲間入りをし、付加価値の高い業務だけを切り出して国内に残し、その他の業務を発展途上国に任せました。これと類似の動きは、製造業全体に留まらず、サービス業や金融業にも当てはまります。日本企業は、アジアの中でこれまで先んじた経験を活かし、今後、発展していく国が必要とする製品やサービスを、高い付加価値をつけて供給していくことが可能なのです。

　また、そういったビジネス展開においても、文化的な背景をより理解しやすく、地理的にも近いことで、日本企業は欧米企業よりも有利なポジションにあるのです。唯一、問題になるのは、「日本語」という、これまでの最大の武器が使えなくなることです。その覚悟をもって臨むことで、「日本」というアドバンテージを活かす取組みが行なえるはずです。

海外への売り込みにwebを使う理由

　2016年現在、世界の総人口73億人のうち、何らかの手段でインターネットに接続可能な人々は全体の約46％（34億人）程度とみられています。

　当然、国によってインターネット接続に必要な通信コストは異なりますが、総じて、従来の電話やファクシミリによる通信と比較して、大幅に安価であることは間違いありません。
　また、伝えられる情報量や反応の即時性においても、過去の通信手

段を圧倒的に凌駕しています。

　こういった価格面や情報量の面でのインターネットの優位性は、国内通信よりも海外との通信で利用するほうが、より大きなメリットがあることは、いうまでもないでしょう。

　そして、通信に用いられるプロトコルや検索に用いられるアルゴリズム、システムをつくる際のプログラミング言語、それらが動作するOSや情報共有がなされるSNS（ソーシャル・ネットワーキング・サービス）などのプラットフォームが世界的にどんどん統一化され、そういった個々の背景をあまり意識することなく情報発信が行なえるようになってきました。

　残された課題は、言葉や文化の違いを学び、理解することだと私は考えています。本書では、その内容について、これから具体的に紹介していきたいと思っています。

2 海外市場攻略は「高い山」なのか？

multilingual web site

▶▶▶ 海外市場と無縁の企業は存在しない

　日本企業の海外進出成功事例は、数多くニュースでも取り上げられますが、その陰で同じくらいの失敗事例も多く囁かれています。それゆえに、日本企業にとって、海外市場の開拓は「高い山」であると認識されがちです。

　とくに中小企業の経営者で、「海外進出なんて、とてもとても……」とおっしゃる方は少なくありません。国内の需要に応えるだけで精一杯、加えて、担当できるセクションもない、というのがその理由ですが、多分に謙遜が含まれている場合が多いようです。
　実際、時代の変遷を経て、きょうまで生き残っている会社は、間接的にも経済のグローバル化をすでに体験しています。

　もしも、あなたの会社が製造業であれば、自社で直接輸出をしていなくても、商社等が仲介して、その製品が海外でも販売されていることでしょう。もしくは、完成品やプラントに組み込まれて輸出されているかもしれません。もしも、あなたの会社がレストランを運営しているとしたら、そこで扱っている食材の中には、海外から輸入されたものも多く含まれているのではないでしょうか。

本書でお勧めしている海外向けの情報発信は、**自社と海外との関わりを他社任せにせず、自身がその関わりの当事者になる**ことで、これからの企業活動に必要なグローバルな視点と、世界の中での自社の立ち位置をつかんでいただくことを大きな目的としています。

　規模の大小も問いません。大企業においては、世界のどこに自社製品を脅かす新たなプレーヤーが出現し、世界のどこに自社製品のニーズが潜んでいるかについて、現場からも情報は上がっているでしょう。しかし、より正確に生の情報を集めることは重要ですし、これからお話しすることを実践いただければ、企業規模の大小に関わらず、世界での自社の立ち位置を正確につかんでいただくことが可能になります。

運用とプロモーションの重要性

　私はかつて、大阪にあるタイ総領事館の商務部（タイ政府貿易センター）に勤務し、タイから日本への輸出を促進する業務に携わっていました。

　ここで海外に製品やサービスをプロモーションするための実務経験を積んだのですが、それがちょうど1990年代の後半で、急速にインターネットが発達してきた時期とも重なっていました。

　当時、オフィスでは、タイ製品に興味をもつ日本企業とその製品を輸出可能なタイ企業をデータベース化し、そのマッチングについては紙で打ち出した資料をもとに郵送やファクシミリで連絡を行なっていました。

　しかし、インターネットの登場は、そうした従来の仕事のしかたを根本から変えてしまいました。

　国をまたいだ情報交換や該当する企業の検索を、従来の方法で行な

うのとネットを使って行なうのとでは、劇的に効率が違うということを実感することができたのです。企業がネットを使って海外に情報発信する場面が将来、加速度的に増えていくことも確信しました。

そして、当時、ほとんど行なわれていなかった、日本企業の海外向け情報発信をサポートすることには大きなビジネスチャンスがあると考えて、2000年に海外webマーケティングを専門とする会社を設立しました。それがエクスポート・ジャパンです。

最初は単に外国語サイトを制作するだけでしたが、実際に**成果を上げるには、運営やプロモーションが重要である**ことを知り、それを実際にお手伝いするなかでノウハウを蓄積していきました。

クライアント数は、これまでの16年で約1000法人にのぼり、国際協力機構（JICA）といった公的機関や鉄道・バス会社等の公共交通機関、地方自治体、大手企業から地域の中小製造業までさまざまです。企業の海外への製品の売り込みをサポートするほか、訪日外国人誘致のお手伝いもしています。

自社の魅力と強みを正しく伝える

私がこれまでの経験からお伝えしたいことは、多くの日本企業が、自分たちのもつ製品やサービスの海外市場での可能性を、あまり上手に伝えられていないということです。

前述したように、インターネットがその媒介となって、商取引のグローバル化はすでに一般的になっています。それにも関わらず、日本企業の海外市場での存在感は、とくにインターネット空間では、明らかにその「実力以下」であると、常々感じています。

その状況を変えていくためには、具体的にはこれから本書で述べていきますが、まず、**自社商品やサービスの強みや特徴が、世界の中でどういった位置づけ（ポジショニング）にあるのかを実感をもって知ること**が重要です。
　「世界でも絶対に負けていない」という自社の強みと特徴を確信したうえで、それに応じた情報を発信し続けること。当社がお付き合いしたなかで、そうした継続的な情報発信の取組みをして、結果が伴わなかった企業はほとんどありません。

　日本の国内市場は、先述したように、「良すぎる市場」であったがゆえに競争が激しく、その競争によって絶えず高い品質が求められてきました。その結果、国内に残っている多くの製品やサービスは、すでに市場の中の競争で鍛えられてきたものばかりであるといえます。

　国内で生き残ってきた企業ならば、その製品やサービスの"質"は、ほとんどの場合、海外でも通用するはずです。ただし、ここで大きな課題となるのが、自社の強みや製品の魅力に対する市場がどこにあり、いかにうまく、必要とする人たちに伝えることができるかということです。
　そのための方法も、これから本書でお伝えしていきます。

multilingual web site

3 なぜ外国語でサイトを つくるべきなのか

　何かの情報を調べるとき、いまは、世界中で大多数の人たちが「インターネットで検索する」という手段を使います。パソコンだけでなく、スマートフォンやタブレットなどデバイスもより小型化され、その場で手軽に「検索」できるようになってきました。

　そういう時代にあって、自社の情報発信拠点であるwebサイトをもっていないという企業はきわめて少ないはずです。検索しても、その企業に関連する情報量がとても少ない会社は、「特定のクライアントのみに秘密主義を守って製品やサービスを供給する」といった業種以外では、信用力の面でビジネス上、マイナスに働いてしまうことのほうが多いでしょう。

　上記の理由からも、日本国内では、日本語のwebサイトをもつことは常識になったわけですが、海外の人に自社の製品やサービスを知ってもらうためには、まずは外国語（とくには英語）のサイトを構築する必要があります。

　これは、英語などで社名や製品名、登録商標などを検索した際に自社サイトへ間違いなく誘導し、正しい情報を提供するためですが、この、至極当たり前に思えることも、うまく行なわれていない状況が多く見受けられます。
　その原因としては、「**日本（人）以外の視点の欠如**」という、思わ

ぬ落とし穴が潜んでいるからです。

「翻訳するだけ」では成果は上がらない

　一般的に起こっている、最も基本的な認識の間違いは、単純に「日本語のサイトを英語に（もしくは該当する外国語に）翻訳すればいい」というものです。

　とくに多いのが、日本語サイトからテキストだけを抽出し、それを外部の翻訳会社に頼んで翻訳してもらい、できあがった翻訳をコピーした日本語サイトと同じフォーマットに流し込んでつくる方法でしょうか。
　この方法を用いると、後述する文字コードやフォント設定での不具合が起こるのはもちろんのこと、そもそも制作した外国語サイトによって「信用を落としてしまう」ということが起こり得ます。

　本書ではそうした留意点についても可能なかぎり、整理して指摘していきます。
　簡単な例を挙げておきますと、海外から引き合いを受けたいのに、それを受け付ける記入フォームでは、郵便番号が7桁固定入力のままになっていたりすることがあります。大きな国際会議の英語サイトでも未だに散見されます。
　また、自社の住所表記が県や市から始まっていたり（＝海外からだとその県や市が日本にあることもわからない）、問い合わせの電話番号に国番号（+81）がついていなかったりと、これらは単純なようですが、そのままにされているケースも多くある間違いです。

いかにして自社を探してもらうか

　外国語サイトを構築する際に、何よりも考えておかなくてはならないのは、ネット上にあふれる膨大な情報の中から、どうしたら自社の製品やサービスを潜在的な取引先に見つけてもらえるのかということです。

　最近はSNSでの情報伝達機会が加速度的に増加していますが、とくにビジネス利用では、まだ検索エンジンが利用されるケースが主流です。
　また、検索エンジンでは、検索結果に表示された上位のサイトから順に訪問してもらう確率が高まりますから、潜在的な取引先に訪問してもらいたい場合は、少なくとも該当するキーワードで１ページめ（10位以内）に表示されなくてはなりません。

　そのために、検索エンジン最適化（SEO）といわれるテクニックがこれまで重要視されてきました。しかし、現在ではGoogle（グーグル）を中心に検索アルゴリズムが進化し、最適化のテクニックよりもサイトに記載されている内容そのものがより重要視されるようになってきています。
　ただ、それゆえに、検索エンジンに対して"悪影響"を与えないようなサイト制作の方法と、どういったキーワードであれば自社のサイトが上位に表示される可能性があるのかという見極めが非常に大事になってきています。これらの具体的な方法については、次章以下でくわしくご説明したいと思います。

世界中を1つの商圏と とらえてみよう

　これから外国語のwebサイトをつくって海外向けに情報発信をするということは、「世界中を1つの商圏ととらえる」ことと同じです。しかし、そう言われてピンとくる方は、それほど多くないかもしれません。

▶▶▶ 日本企業を世界へ向かわせる環境変化

　私が当社を立ち上げた16年前は、「日本企業がインターネットを使って海外に売り込みをかける」という需要はほとんどありませんでした。

　理由を考えてみると、最初にも述べたとおり、商圏としての日本が「良すぎた」という結論にたどりつきます。インターネットが普及するまでの通信手段等を考えると、商圏としての魅力は、情報伝達が容易な、限られた範囲内に購買力のある人がどれくらい住んでいるかということが基準になります。

　世界的に見ても、こういった点で日本に匹敵するのは、中国の上海近郊や香港から深圳(シンセン)にかけての地域、もしくは、ドイツと周辺国を含んだドイツ語圏ぐらいでしょうか。つまり、日本という「良すぎた」市場でビジネスを行なう企業が、あえて外国向けのマーケティングを行なうということ自体、さほどビジネス上の必要性がなかったといえ

ます。

ところが、国内成長が頭打ちになってくると、多くの企業が海外のマーケットを意識するようになりました。縮小傾向にある国内マーケットではなく、これからは海外に目を向けていこうという動きです。

大きな目で見れば、日本の産業構造全体の変化も指摘できます。かつては貿易黒字大国であった日本が、いつしか貿易赤字に転ずるようになり、それまであまり力を入れてこなかった、海外からの観光客や投資を呼び込もうという流れに日本の国家戦略が変わってきたということです。

そうした背景のもと、国の肝煎りで「ビジット・ジャパン・キャンペーン」が始まったのが2003年のことです。海外から日本に、もっと観光客を呼び込もうという政府や地方自治体の動きで、リーマン・ショックや東日本大震災の影響から訪日客数は一時大きく落ち込んだものの、その後は円安傾向やビザの発給手続きの緩和などもあって、2015年には2000万人に迫る勢いとなりました。

中国企業は外国語webサイトで海外進出

同2003年時期の中国に目を転じてみると、アリババ（阿里巴巴）の急成長があります。アリババは、同時期の中国の国家戦略にも沿って大きくなりました。

もともとのアリババは、中国製造業の輸出振興のために、国内の製造企業を海外企業に紹介するBtoBのポータルサイトがメイン事業でした。

そこに、日本のソフトバンクの出資もあり、国内向けBtoC事業で急成長し、ニューヨーク証券取引所に上場するまでになりましたが、現在も国内製造業の海外市場進出のプラットフォームとして、大きな役割を果たしています。

　かつて「海外進出」とは、社員をターゲットとなる国に出張させてリサーチし、駐在員事務所を設けて社員を常駐させ、市場が確認できたら現地法人を設立して事業展開するという順番で行なわれていました。
　しかし、現在では適切な外国語webサイトの構築と運用によって、人や資本を現地に送り込まずに市場ニーズを収集することが可能です。
　つまり、世界全体を１つの商圏ととらえて、その商圏全域のマーケットリサーチが外国語webサイトの運用を通じて実現できるようになるのです。

5 「こだわり」は世界を相手にしてこそ生きる

▶▶▶ 途上国の発展は日本企業にとってチャンス

　少し前に、日本のメーカーもBOP（bottom of the pyramid）マーケット、つまり世界の低所得者層向けに低コストで安価な製品を供給する市場によりフォーカスすべきだという議論がありました。

　そういった議論がなされた時期、中国企業が安価な製品によって世界におけるシェアを伸ばしていたのは事実ですが、一方で、私自身は、日本のメーカーがそういう道を歩むべきではないと思いました。
　というのは、ある程度、途上国の市場規模が拡大してきて、各国消費者の製品への要求レベルが上がってきたら、そういった議論は意味のないものになってしまうと考えたからです。

　たとえば、中国では急激な経済成長にともなって、PM2.5による大気汚染をはじめとする環境問題が発生しました。そのため一部の都市では、空気清浄機が生活必需品となっています。
　中国のメーカーも空気清浄機をつくっていますが、その機能や品質は中国メーカーのものより日本メーカーのもののほうが優れているため、現地でも日本メーカーの製品のほうが売れるといわれます。

　このように消費者の要求レベルが上がっていくのであれば、いま

で日本国内でつくっていたレベルの高い製品をそのまま世界にもっていっても十分勝負になります。価格の高さを差し引いても、途上国での消費者ニーズの高度化を考えればかなりの需要を見込むことができるでしょう。

　つまり、わざわざ妥協して安価な製品をつくる必要はなく、むしろ国内向けと同様に「こだわり」をもった製品、他社には真似のできない製品をリリースすべきなのです。

世界を相手にすれば「専門店」が成り立つ

　狭い商圏の中で仕事をしようとすると、なるべく多様なニーズに応えようとして専門性が少しずつ削り取られ、汎用的なものになっていく傾向があります。
　逆に広い商圏をターゲットにすると、自社の製品やサービスをより絞り込んでもビジネスができるようになっていきます。つまり、**商圏が小さいと扱うものやサービスはよろず屋化していき、商圏が大きくなればなるほど専門特化できる**ということです。

　人口が少ない土地で食堂をやろうとすると、うどんもあればラーメンもカツ丼もあります、という品揃えになりがちです。本当はカツ丼が一番得意だとしても、カツ丼専門店にしてしまうと、数少ない地元の人に飽きられてしまい、商売が続けられないので、いろいろなメニューを置くようになるわけです。これが没専門性です。

　けれども、銀座や道頓堀といったエリアにお店を出していれば、国内はもちろん、いまなら世界中からたくさんの人が来てくれるわけですから、カツ丼専門店でも十分にやっていくことができるでしょう。

もちろん、そのカツ丼のクオリティが高いことが前提ですが、このように商圏を大きくすることができれば、専門特化が可能になるのです。

　そうした専門特化したもので世界規模の競争のなかで生き残っていこうとすると、技術力の高さが求められるのは当然として、しっかりとシェアを取る必要があります。そうしないと、同業他社に飲み込まれて、たとえ技術的に優位であったとしても企業としての競争力で負けてしまいます。

　これまで、「値段よりも品質の高さを優先する市場」は、日本国内と海外の先進国の一部に限られていました。しかし、発展途上国の経済が成長してくると、高品質な製品を求める需要は明らかに増加してきます。
　したがって**日本企業は、途上国の需要が高度化していく段階で、品質の高さや専門性を武器にして海外市場を狙うべき**なのです。その意味で、日本企業の多くはいまチャンスを迎えているといっていいでしょう。

　ただし、ここで何ら手を打たずにいれば、他国に規模と技術レベルの両方で追い越されてしまい、生き残れなくなってしまうかもしれません。このように考えると、日本のメーカーの「こだわり」は、国内よりも、むしろ海外に対して積極的にアピールすべきであると思います。

multilingual web site

6

世界で自社の「レイヤー」を確保する

▶▶▶ **レイヤーを取るということ**

ここで意識しておいていただきたいのが、世界で自社の「**レイヤーを確保する**」という考え方です。

たとえば自動車のエンジンをつくる場合、そのエンジンが、部品A、部品B、部品Cで構成されているとします。それぞれが非常に品質の高い部品ですが、部品Cをつくっているメーカー F だけは日本国内にしか供給していません。

ところが、この部品Cをつくる技術をもつメーカー G が海外に現われて、その会社が日本以外の市場を全部取っていったら、完成品メーカーはどのように動くでしょうか。

そうなると、日本国内にしか供給していないメーカー F は、おそらく窮地に陥ります。部品Aをつくるメーカー D、部品Bをつくるメーカー E、部品Cをつくるメーカー G をまとめてエンジンをつくるほうが、完成品メーカーには効率がいいからです。そうすると、以前から部品Cをつくっていたメーカー F は、世界全体の市場からはじき出されてしまいかねません。

つまり、**一度レイヤーを取られてしまったら、取り戻すのは難しく、**

図表1-1 「レイヤー」のイメージ

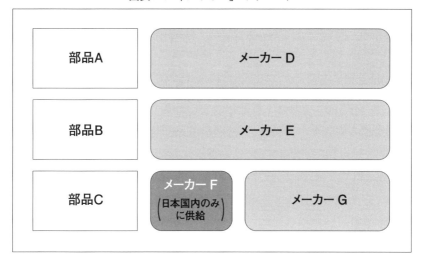

最終的に日本国内もオセロゲームのような形で全部置き換わってしまうのです。安泰だと思っていた国内供給分も、これにより海外メーカーのものに替えられてしまうということになります。

多くの業界で、コストや物流体制を効率化するために、サプライヤーの数は減少傾向にあります。そうなれば、シェアの高いメーカー（サプライヤー）と組んだほうが有利というメカニズムが働くわけです。要するに国内市場だけに拘泥していると、自社がその一部を占めていたレイヤー構造から、知らぬ間にはじき出されてしまう可能性があるということです。

世界規模でのシェアを考える

これを、ハードとソフトの関係で考えてみましょう。
ゲーム機というハードは、ソフトウェアメーカーからみた場合、プ

ラットフォームになるわけですが、そのゲーム機のシェアが高ければ、ソフトウェアメーカーは積極的に新しいソフトを開発しようとするでしょう。ハードのシェアが高ければ、ソフトも売れる可能性が高まるからです。

　逆に、小さなエリアでしか普及していないゲーム機があったとして、それに対応するゲームソフトを開発する企業は少ないはずです。売れたとしても、大した儲けにはならないからです。
　すると、ゲームソフトの数が少ないことからそのハードも売れなくなり、縮小のスパイラルが起こってやがて消滅してしまうということになります。

　つまり、その市場で世界規模のシェアをもっていなければ、構造的に縮小の圧力にさらされるということです。逆に、自社の一番強いところで世界シェアをもっていれば、そこに絶対に外せなくなる自社のレイヤーができます。これは例に挙げたような製品だけでなく、どんなニッチな製品にも共通していえることです。
　ですから、単に**技術レベルだけで満足せず、世界規模でのシェアを意識しておく必要があります**。さもないと、気づいたときに「取引先がいなくなっている」という可能性すらあるのです。

multilingual web site

7 日本市場は世界へ羽ばたく滑走路

　すでに述べたように、日本国内では、おそらく世界一高いレベルの品質が求められてきました。そのため、機能や利便性における優秀さだけではなく、安全で正確、そして不良率がきわめて低いものづくりのDNAが、脈々と日本の中小製造業には受け継がれているはずです。

　昨今、日本のメーカーと海外のメーカーの品質に対する意識の差が、しばしば議論になります。
　1つは、日本のメーカーは100％不良がないと判断しないと新製品をリリースしないため、スピード感に欠けるという指摘。これに対して、海外のメーカーでは見切り発車は当たり前、不良が出たら交換すればいいという発想で、顧客を尊重していないという批判。ややステレオタイプな議論ですが、日本的な発想と海外の常識観念との対立軸として、よく見聞きする話です。

　ここでは、どちらが正しいということはさておき、しつこく、くどいくらいに**品質にこだわる日本市場で生き残ってきたことに、まず価値を見出せる**ということを指摘しておきたいと思います。
　製造効率を高めることは当たり前ですが、そうした制約のなかで雑な仕事を嫌う日本の製造業の特質には目をみはるものがあり、それが世界の市場における大きなアドバンテージになっているといえるのです。

よく「ウチなんか、普通にやっているだけだよ」とおっしゃる中小製造業の社長さんがいますが、その"普通"のレベルはかなり高いかもしれません。"普通"の中で、さまざまな工夫や努力をしてきたからこそ、厳しい日本のマーケットでも淘汰されずに生き残ることができたと考えていいのではないでしょうか。

　もちろん、そこで慢心するわけにはいきませんが、そうした企業は海外市場を攻略する素質は十分にあるといえます。あとは、どのようにしてそのノウハウを身につけるかです。

　そのための、まさに「拠点」であり、「窓口」となるのが「外国語webサイト」です。本業がしっかりしている企業が腰を据えて構築・運用に取り組めば、必ず成果は上がります。2章以降で、そのための具体的な方法を順序立てて解説していきます。

2章

成果を出す
海外向けサイトは
こうしてつくる

multilingual web site

1

まず、自社の強みを棚卸ししよう

　本章からは、具体的なwebサイトのつくり方と運営のしかたについてお話ししていきます。多くの場合、現実には私どものような専門業者と一緒につくっていくことになると思いますし、内製が可能な企業であったとしても、サイトをつくっていくうえでは、押さえておくべき流れとポイントというものがあります。

　まずは、私どもの進め方を知っていただき、自社に合わせてアレンジしていっていただきたいと思います。

　基本的な流れは、45ページの図にまとめてありますが、当社がクライアントのお手伝いをする際は、大きく、①**企画フェーズ**、②**設計フェーズ**、③**制作フェーズ**、そして④**運用フェーズ**、のステップで進めています。

▶▶▶ 企画フェーズでまずすべきこと

　どの企業でも最初に共通して行なうのは、その会社のどんな点を中心に売り出していくか、どこを突破口にするかを決めることです。これは上記①企画フェーズの最初の部分になります。すべてはここから始まります。

　具体的には、**その会社の一番の強みがどこにあるか**ということをヒアリングなどによって理解し、それをベースに情報発信の戦略を立てていきます。

ヒアリングにあたってしばしば感じるのは、その企業がやりたいことや出したい情報が明確でないケースが多いことです。つまり、**経営者自身が、自分がwebサイトで訴求したいこと、サイトをつくる目的を整理しきれていない**ということになります。

　たとえば経営者に、このwebサイトによって「商品を売りたいのか」「会社のイメージや知名度を上げたいのか」「優秀な人材を採用したいのか」と聞くと、そのいずれに対しても「そうしたい」という返事が返ってくることが多くあります。気持ちはわかりますが、これではサイト構築の方向性が見えてきません。
　webサイトをつくる際には、あらかじめその目的をある程度絞り込んでおかないと、とくに中小企業の場合は、何を訴求したいのかがぼやけてしまいます。

「比較優位性」の裏付けをサイトで示す

　製品を前面に打ち出すにしても、他社の製品と比べてどうなのか、相対的に見てどうなのかという部分、つまり、**「どこに自社製品の強みがあるのか」を明確にすることが大事**です。その「比較優位性」を**はっきりさせないと、効果的な情報発信ができない**のです。

　私がヒアリングの際に一番よくする質問は、**「競合他社はどこですか」「競合製品との違いはどこですか」**です。その前段階の質問として、メーカーの場合は、**「どういう用途でその製品は使われていますか」「（最終）ユーザーは誰ですか」**と聞きます。
　そして、この「（最終）ユーザーは誰ですか」という質問に続けて、**「いま一番取引の多いユーザーは誰で、これから伸ばしていきたいユーザーは誰ですか」**と尋ねます。

図表2-1 「比較優位性」を知るための質問

```
┌─────────────────────────────────────────────┐
│  ┌───────────────────────────────────────┐  │
│  │ 「どういう用途でその製品は使われているか」│  │
│  │ 「(最終) ユーザーは誰か」              │  │
│  └───────────────────────────────────────┘  │
│                                             │
│  ┌───────────────────────────────────────┐  │
│  │ 「競合他社はどこか」                    │  │
│  │ 「競合製品との違いはどこか」            │  │
│  └───────────────────────────────────────┘  │
│                                             │
│  ┌───────────────────────────────────────┐  │
│  │ 「いま一番取引の多いユーザーは?」       │  │
│  │ 「これから伸ばしていきたいユーザーは?」 │  │
│  └───────────────────────────────────────┘  │
│                                             │
│  ┌───────────────────────────────────────┐  │
│  │ 「比較優位性はどこにあるか」            │  │
│  │ 「その違いは、どのようにして説明できるか」│  │
│  └───────────────────────────────────────┘  │
└─────────────────────────────────────────────┘
```

　たとえば非常に精密なフィルターをつくっている会社で、「いまは工場の排水処理用に供給しているけれど、医療分野からも引き合いがあったので、今後はその分野にも進出していきたい」と答えが返ってくれば、それに向けて情報発信しましょう、という方向になるでしょう。

　こういったベーシックな質問から、徐々に深掘りをしていきます。「比較優位性は○○にあります」と答えが返ってきたら、**「ではその違いは、どのようにして説明できますか」**と聞いていく。すると「こういうデータがあります。実績を示す実験動画があります」というように、その材料が出てきます。そうなれば、「ぜひ載せましょう。動画をwebで流しましょう」という流れになります。

このようにして、その会社の技術や製品の比較優位性を示し、どんな問題の解決に役立つのかという部分を明確にして情報として出すと、的確で絞り込まれた引き合いが来ることが多いのです。

　また、このように、webサイトをつくる目的を最初にはっきりさせておかないと、制作していくうえでもいろいろなミスマッチが生じがちです。だからこそ、情報発信のコンセプトを決めるヒアリングは非常に大切なプロセスといえるのです。

　上記の考え方は、海外からの観光客誘致を目的としている自治体にも当てはまります。
　自分たちの地域の特色は何か、どこにその魅力があるのか、外部の目を通して客観的な評価をつかみ（59ページ以下で説明します）、そこから発信すべき情報のポイントを絞っていきましょう。

multilingual web site

2 結果にコミットする制作会社を選ぶ

　当社のヒアリングの相手は、中小企業の場合、原則として社長か社長直轄の経営企画部の責任者で、大企業の場合は、広報かコーポレートコミュニケーション部門になり、いずれにしても、自社の強みや特徴を把握している立場の方ということになります。

　それをはっきりと自覚されていないケースの場合、前述のように、その内容を引き出して整理させていただくことが必要になります。それが当社のような制作業者が果たすべき、重要な役割の1つといえるでしょう。

　制作会社に依頼する前にすべきことは、まず**自社の強みをできるだけ多く紙に書き出してみる**ことです。それをもとにヒアリングを受けることで、クライアント企業と制作会社が一緒になって、海外に向けて打ち出したいイメージを形づくっていくのが理想的です。

　制作側の体制でいうと、**その企業が発信したい情報や海外に売り込みたい強みを、制作ディレクターもデザイナーも翻訳者も知っておくことが望ましい**と思っています。各プロセスを担当する制作スタッフが情報を把握していないと、質のよいものはできないのです。

　そのためには、制作の各工程を分解して流れ作業でつくっていくような方法ではなく、少人数のプロジェクトチームで全情報を共有し、翻訳、デザイン、プログラム、全体のディレクションとコーディネートの役割それぞれが有機的に結びついた体制であることが望ましいと

いえるでしょう。

　制作会社を選ぶ際は、**なるべく結果にコミットするところに依頼**したいものです。「翻訳はプロの翻訳会社に任せましたので安心です」と言うところは安心できません。なぜなら、後述（81ページ）するように、翻訳とサイト制作は"一体"で行なわないと、さまざまな問題が生じることが多いからです。

　少々料金が高くても、結果にコミットしている制作会社を選べば、長期的にメリットがあります。1つの見分け方として、そうした業者は、たとえば**目的がはっきりしない案件については、軽々しく仕事を引き受けない**ものです。

制作会社をビジネスパートナーとして考える

　制作会社と付き合うにあたって1ついえることは、単なる「下請け」や「外注先」としてではなく、**「ビジネスパートナー」と考えて取り組んだほうがよい結果を出しやすい**ということです。発注側が一方的にリクエストを出し、制作会社は言われたとおりのものをつくるという仕事の形態では、発注側に相当のノウハウや情報が集積している状態でなければよいものができません。

　これはweb制作だけにかぎったことではありませんが、**双方の専門知識を上手に引き出して、よい成果物にするためには、お互いが相手のことを理解して動けるwin-winの関係が理想**です。制作会社を選ぶにあたっては、そういった関係性がつくれるかどうかも、成功のための1つの要因となるでしょう。

multilingual web site

3 「構築」より「運用」を手厚くする

　ソフトウェアの開発手法には、全体のスケジュールや仕様を最初に確定させてから進めていく「ウォーターフォール型」と、まず開発をスタートさせ、状況を確認しながら仕様を固めていく「アジャイル型」とがあります。webサイト構築では、最初に予算が決まっているケースが多いので、「ウォーターフォール型」が一般的ですが、結果を重視する場合は、「アジャイル型」のほうがお勧めです。

　なぜなら、情報発信は、実際に行なうことでその反応が得られ、その反応によって、どういう情報を出し続けていくべきかがよりはっきりしてくるからです。したがって、まずはwebサイトのコンセプトのみをはっきりさせてから構築し、その後の運用をすることで見えてくる知見をサイトにフィードバックさせてブラッシュアップする、いわゆるPDCAのサイクルを回していくことが重要です。

▶▶▶ 「構築」と「運用」の予算は3：1

　私たちが日頃、仕事をしていて「もったいない」と感じるのは、webサイトを最初に構築する予算と比較して、運用の予算が極端に少ないケースが多くあることです。これは、とくに政府や公共機関の案件に多い事例なのですが、初期のサイト構築に大きな予算がつく一方、そのサイトを更新・メンテナンスしていくうえで必要なはずの運用の予算がほとんどついていないのです。

明確な統計データを得ているわけではありませんが、これまで内部や外部両方から見てきたケースでは、最終的に**予算の無駄遣いや失敗に終わっているケースで、「構築」と「運用」の予算バランスが適切でない例が多く見られます**。たとえば4か国言語でサイト構築と2年間の運用を行なうコンペがあり、初期の構築時の予算が1800万円で、サイト構築後の更新とメンテナンスには、サーバー代として年間100万円程度の予算しかついていないなどのケースです。

　このようなケースでは、構築されたばかりの初期のサイトが立派でも、そのサイトが知られてユーザーが集まりだす頃には内容が陳腐化してしまい、2年後には誰からも見てもらえないようなサイトになっていることがほとんどです。そうすると、このサイトは2年後には全面的にリニューアルする必要があり、初期に構築したときと同じだけの金額がかかって、またゼロからの出発になります。

　もし、このケースの予算配分を、初期に1200万円、年間に400万円ずつで2年間の合計を2000万円としたらどうなるでしょうか？　初期にはある程度のベースをつくって情報発信し、そこから得られた反応や世の中のテクノロジーの進化に合わせて内容やインターフェイスを更新し、2年後には多くのユーザーを集めるサイトに改善していくことが可能になります。

　また、2年後にサイトの構造やデザインをリニューアルする場合でも、更新とメンテナンスを続けているコンテンツはそのまま利用でき、リニューアルのコスト全体も抑えることが可能になるのです。

　予算配分については、ぜひこのような視点をもっていただきたいと思います。

multilingual web site

4 外国語webサイトの制作はこう進める

　当社の場合、前述のように、web制作プロセスは、①**企画フェーズ**、②**設計フェーズ**、③**制作フェーズ**の３段階で進めます。サイト公開後は、④**運用フェーズ**へと入っていきます（**図表2-2参照**）。

▶▶▶ 企画フェーズのポイント

　当社では、企画フェーズのヒアリングを終えた後には、同業他社サイトの分析を行なっています。市場にどんな特徴をもつ類似製品があるか、ネット上で調べていくわけです。

　海外向けのマーケティングの場合は、もちろん日本語サイトだけでなく英語など外国語のサイトもチェックして、同業他社の情報を確認したうえで、ライバル企業と自社はどう違うのか、どこに強みがあるのかといったことを把握して、それを明確な情報として出していきます。ここも企画フェーズの肝になるところです。

　「自分たちの会社がこのジャンルで一番です」とか「どこよりも正確につくれます」と訴えても、**明確な根拠が提示されていないと、信用を得る段階に到達しません。**

　しかし、公的機関の証明書や実験結果などとともに「当社ではこういう加工方法によって、短期間で腐食が起こらないような機能を実現しています」といった具合に表現すれば、きちんと自社製品の優位性をアピールできます。

図表2-2　外国語webサイト制作の流れ

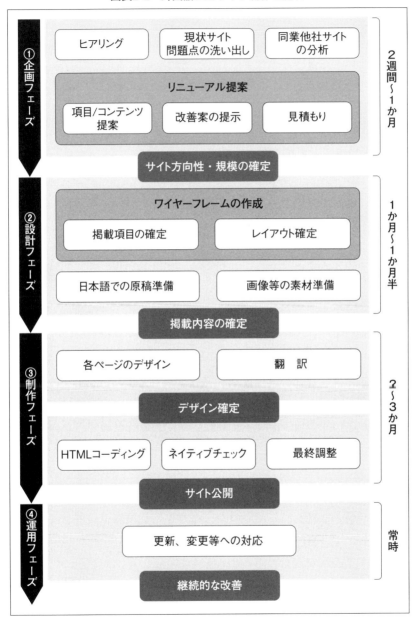

企業の事情によって異なりますが、時間的な目途としては、①企画フェーズは、早ければ2週間から1か月程度です。
　あらかじめ自社の強みなどについて棚卸しができていれば、海外に発信したい情報がはっきりするので、その後の展開が比較的容易です。どういった情報を出したいのかということを決めれば、それに続く情報の見せ方も固まっていきます。

設計フェーズのポイント

　次の「②設計フェーズ」は、1か月から1か月半ほどかかります。設計フェーズで最初に行なうことは、webサイト内の各ページの構成要素、つまり画像の位置や大きさ、タイトルのつけ方などのレイアウトを示した「ワイヤーフレーム」をつくることです（**図表2-3参照**）。

　通常、ワイヤーフレームは、制作会社が設計フェーズで提示してくれるはずです。この作業は、ある程度、制作会社に任せてしまってもよいでしょう。
　発注側では、会社のコーポレートカラーやメイン画像のイメージなどについて認識を合わせておく必要があります。どんな色調をメインにするかというのは、デザイナーにとって欠くことのできない情報です。

　トップページで使う画像は、環境にやさしい会社を表現するのか、技術力の高さを打ち出したいのか、もしくは規模感や信用を前面に出すのかなどで、当然異なってきます。
　また、自治体の観光関係のサイトであれば、見た人が訪れたくなるような、よりビジュアルを重視したつくりになるでしょう。

図表2-3　ワイヤーフレームの例

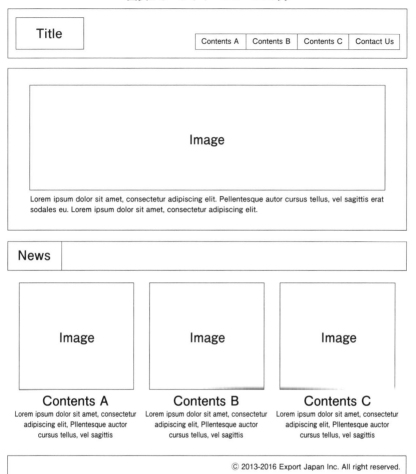

　そうしたサイトのイメージについては、なるべく多くの情報を制作会社に伝えていくことが大事です。

　「日本語での原稿準備」については、3章の翻訳のところでも詳述しますが、ここでは見落とされがちな点のみを指摘しておきます。

日本語での原稿は、サイト制作を依頼する発注側が出すものですが、その際に気をつけていただきたいことは、「五月雨式に原稿を出すのを避ける」ということです。

　海外向けのwebサイト制作の場合、そこに「翻訳」というプロセスが入るのですが、**いったん翻訳したものを一部分だけ変更すると、全体のバランスが乱れる**からです。

　たとえば、この一文だけを差し込みたいというときに、その一文だけを新たに翻訳して挿入すると、日本語と外国語のそもそもの表現手法の違いで、前後の文章との整合性がとれなくなってしまうことがあります。そのため、一文を変えただけでも、全体の文章と照らし合わせながら再翻訳をする必要が生じてきます。

　そうなると双方に余分なコストと手間がかかるため、とくに初回のサイト構築では、日本語段階での原稿をしっかりと固めてから翻訳プロセスに入るようにしたほうがよいでしょう。

multilingual web site

5 最適なドメインの選定

　海外向けに情報発信を行なう場合、どういったドメイン（インターネット上の"住所"）を選定するのかも重要になります。大きく分けて以下の4つの方法が考えられます。

図表2-4　ドメイン選別の4つの方法

---

① **海外向け情報発信専用のドメインを利用する**
　→日本語の法人ウェブサイト xxxx.co.jp に対して xxxx.com、xxxx.co.kr など

② **サブドメインを利用する**
　→言語ごとに en.xxxx.com、cn.xxxx.com など

③ **同じドメインの直下でフォルダ分けをする**
　→xxxx.com/en、xxxx.com/cn/ など

④ **特定の情報発信に特化した専用のドメインを取得する**
　→cutting-machinery.com、onsen-healing.com など

　それぞれに、長所や短所がありますが、考慮すべきはSEO（検索エンジンへの対応）とメンテナンスコストの2点です。たとえば、上記の①のように海外向け情報発信専用のドメインを利用する場合、もちろん、ドメインの取得と維持にそのぶんのコストが発生します。

　また、国別のドメインによっては、その国に法人をもたないと、取

得そのものができないというケースが発生します。

　しかし、1つの言語で特定の国をターゲットにしてかなり大規模なサイト運営などを行なう場合は、①を選択するほうが望ましい場合もあります。理由は、**その国、もしくはその言語固有の検索エンジンで検索した場合には、その国特有のドメインを所持していたほうが上位に表示されやすい**からです。

　上記②のようにサブドメインを利用する場合、おもに同じテーマの情報を多言語で同時に発信する際に適しています。
　たとえば、「kr.xxxx.com」は韓国語、「cn.xxxx.com」は（簡体）中国語、「en.xxxx.com」は英語の情報で、サイト全体として発信している内容はほぼ同じテーマであるという場合です。

　サブドメインを使用する利点の1つは、たとえば中国本土向けに情報発信する場合、DNS（ドメイン・ネーム・サーバー）の設定によって、簡体中国語のコンテンツだけを中国本土のサーバーに置くことができます。
　そうすることで、中国政府のグレートファイアウォール（後述します）の影響を受けずに中国語の情報を発信し、なおかつその他の言語は、それぞれに適したロケーションのサーバーから情報発信することが可能になります。また、同じテーマの情報が同一ドメイン内に言語を変えて存在することで、そのドメインに対する多言語対応検索エンジン（おもにGoogle）からの評価が上昇し、そのテーマに沿ったキーワードでの検索結果で表示順が有利に働きやすくなります。

　上記の③のように、ドメイン直下のフォルダで言語を分ける方法については、②のサブドメインで分ける方法とあまり大きな差はありません。強いて挙げるとすると、全言語が同じサーバー上での情報発信

となるので、②と比較すると、少し言語ごとのコンテンツの規模感が小さいサイトに適しているかもしれません。そのぶん、メンテナンスのコストは小さくて済みます。

　上記④のように特定のテーマの情報発信のためにドメインを取得するのは、ほぼSEOが目的です。④のようなドメインを選ぶ場合は、たとえば、会社概要などの情報を発信する外国語webサイトは別途で運営しているというケースが多くなります。
　そして、会社全体のゼネラルな情報発信とは別に、とくに売り込みたい製品や技術、もしくは特定のテーマに沿った情報を網羅したサイトをもつことによって、そのテーマに合うキーワードで検索された場合に上位表示をされやすくします。

　④のケースでは、言語は英語などに絞って行ない、自社の製品だけでなく、その分野に付随する情報を広く提供することによってアクセスを集める手法をとります。つまり、**特定のテーマについてのコミュニティのような仮想空間をつくって運営することによって、世界中から関連情報を集めやすくする**戦略として利用するのです。

　なお、上記には挙げませんでしたが、日本企業でたまに行なわれているお勧めできない例があります。それは、日本語と外国語の情報をまったく同じフォルダで管理するやり方で、ファイル名だけ、「index_en.html」や「index_cn.html」になっているものです。これは、検索エンジンの対応上も好ましくないうえ、web制作会社にとっての管理面も不都合が生じやすいので避けるべきです。
　さらに悪い例としては、**同じページ内にいろいろな言語の情報が混在している**ケースを指摘しておきます。これは実際の看板などならまだしも、web上では検索エンジンに最も敬遠される手法です。当然、

実際にサイトを閲覧する各国のユーザーにとっても見づらいのはいうまでもありません。

ドメイン名は知的財産の一部

　大手検索エンジンのアルゴリズムでは、取得したてのドメインよりは長期にわたって同一テーマで運用されてきたドメインのほうが上位に表示される確率が高くなります。
　これは、人や会社に対する信用力と同じで、**長い間、同じテーマについての情報発信をコンスタントに続けてきたドメインは信用力が上昇し、検索結果についても上位表示がされやすくなる**からです。

　つまり、長い間、情報発信を続けてきたドメインにはそれだけで価値があるのです。逆にいうと、1つのドメインから世界に向けての情報発信を続けることで、自分たちの情報発信基地としての価値を高めていくこともまた可能なのです。

　こういった自社ドメインの管理は、制作会社にすべて任せてしまう場合もありますが、その所有者情報と連絡先は自社で管理したほうがよいでしょう。なぜなら、制作会社に対して何か不満が生じた際、発注先の変更が容易だからです。
　ただし、ドメイン管理団体からのメールや連絡に対して自社で対応したり手続きを行なったりするのを忘れると、せっかく価値をもったドメインの権利そのものを喪失してしまう場合があり、それが不安な場合は、信頼できるパートナー企業（制作会社でももちろんOK）に任せておくほうが安心かもしれません。
　いずれにしても、自社で保有するドメインは、商標と同じく自社の知的財産権の一部としてしっかり管理していくことが重要です。

最適なサーバーの選定

　海外向けの情報発信を行なう場合、日本国内のwebサイト制作と大きく異なることの1つがサーバーの選定です。日本国内向けの情報発信では、国内にある一定水準のサーバーを選べば、特定の場所に情報が届かなかったり、特定の地域から閲覧できないなどのケースはほぼ発生しません。

　しかし、海外向けに情報発信する場合は、そのターゲット地域によってどこにサーバーを設置するのかは重要な判断になってきます。次ページに示したのは、2016年現在の世界の海底ケーブルの分布図です。
　この図でも明らかなように、日本と北米間は複数の回線で十分なデータ転送容量が確保されていますが、日本と南米、日本と中近東などは複数の国を経由するため、しばしば遅延するケースが見られます。また、政治的な事情から、中国向けの情報発信については、特別なケアが必要です。

　もし、中国本土を情報発信の対象から除外できるのであれば、海外向けwebサイトのサーバーは、アメリカに設置するのが（世界各国との回線の安定性から）最も無難かもしれません。もし、ターゲットとして特定の国が定まっている場合は、以下に記すサイトなどで世界中の各都市からのアクセス速度を調査できますので、自社が契約している現在のサーバーがそのまま利用できるかなどを判断してみてください。

図表2-5　世界全体の海底ケーブル分布図

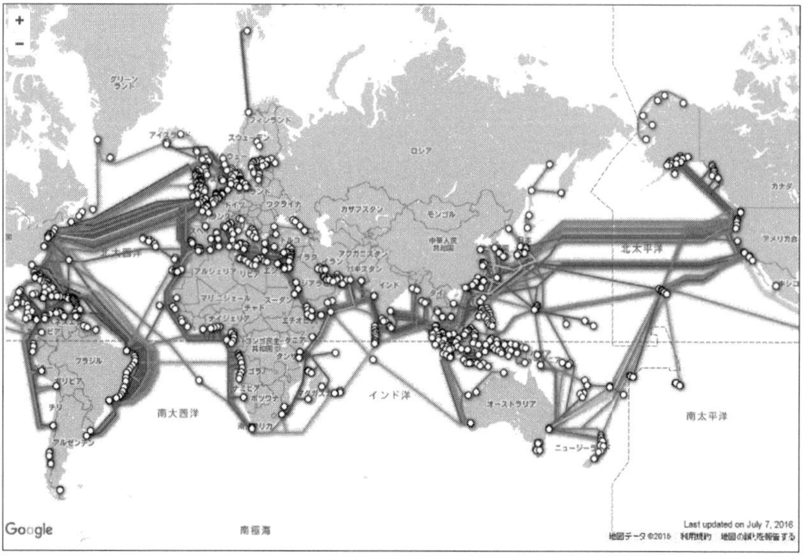

出典：submarinecablemap.com

- グローバルなアクセス速度測定サービス
 【http://www.webpagetest.org】
 【https://www.pingdom.com】
 【https://gtmetrix.com】

中国向けに情報発信するサーバーは別に選ぶ

　中国本土向けの情報発信に関しては、中国政府による情報検閲が行なわれており、とくに、日本やアメリカにサーバーを置くと、中国国内では表示できなかったり、表示されても（検閲のグレートファイアウォールを経由するために）表示速度が極端に遅くなるなどの問題が発生することがあります。

　そのため、最もよい方法は中国国内にサーバーを置くことなのです

が、それにはICP（インターネット・コンテンツ・プロバイダー）と呼ばれるライセンスが必要で、しかもこのライセンスを取得するための手続きが非常に煩雑である点が問題です。

　また、サーバーの中に重要な情報が含まれる場合のセキュリティやサーバー管理の体制などもまだ不安視されていることもあり、代替案として、中国語のwebサイトを香港やシンガポールに置いたサーバーでホスティングするケースなどもあります。さらに中国国内でも、どの通信会社に加入するかによって、特定の地域からのアクセス速度が極端に遅くなることなども報告されています。

　下記のサイトでは、中国の主要都市からのアクセス速度が計測できますので、サーバーの設置場所を選ぶ際には、同じサーバーやデータセンター内にあるwebサイトがどれくらいの速度で表示されるかを、事前に試してみるとよいでしょう。
　なお、中国を含めた各国のネット事情および環境の違いは、3章でくわしくご説明します。

- 中国国内のアクセス速度測定サービス
  【http://ce.cloud.360.cn】

multilingual web site

7 "世界一"になるまで絞り込む

すでに述べたように、webサイトを構築する際には自社の強みを明確にしておくことが重要です。設計フェーズでは、その強みをもとに、どうやってサイトに集客をするのか、戦略を組み立てます。

理解しやすいように、以下に例を挙げて述べます。

▶▶▶ 設計フェーズのポイント…製造業の場合

たとえば、ネジをつくっているメーカーがあるとします。このメーカーのネジは、地中に埋まっているパイプラインなどに利用できるように、強い耐腐食性のある素材でコーティングされています。このメーカーからこのネジを買ってくれる潜在クライアントを、同社のサイトに誘導するには、どういった方法が適しているのでしょうか?

基本的に、製造業などのwebサイトでBtoBを対象とする場合、現在、最も主流になるのは検索エンジンの活用です。英語の検索エンジンとして、世界的に圧倒的なシェアをもっているのはGoogleですので、まず、ネジ="screws"というキーワードで英語の「Google.com」を使って検索してみます。

6000万件以上の結果がヒットしますが、あまりに一般的な(専門性のない)情報が多いので、この会社の製品を必要とするようなクライアントは、もっと絞り込んで検索を行なうでしょう。

そこで、耐腐食性のあるネジ＝"corrosion-resistant screws"というキーワードで検索してみます。それでも60万件程度の結果がヒットしますが、情報はかなり絞り込まれ、この会社の製品に近い内容が出てきました。

さらに、用途をパイプライン建設に絞って、"corrosion-resistant screws for pipeline construction"というキーワードで検索すると、まだ多くの結果がヒットするものの、もうピッタリの製品情報サイトは表示されません。

つまり、情報をここまで絞り込んでwebサイトから発信している会社はほかにないということです。言い換えれば、それを実施することにより、この**限られたセグメントで"世界一"**になれるのです。

私のこれまでの経験上、上記の例の"corrosion-resistant screws for pipeline construction"というキーワードに最重点をおいて数十ページ規模の英語サイトをつくれば、約1年以内にGoogle.comで、世界で1位、2位のポジションを狙えるでしょう。同時に、もう一段絞り込む前の、"corrosion-resistant screws"でも、世界で20位以内には入れる可能性が高いです。これは、過去に行なった同種の事例からの経験値で述べています。

世界で一番になっても「まったく検索されない言葉であれば意味がない」と思われるかもしれません。しかし、Googleのキーワードツールなどを使って"corrosion-resistant screws"の検索数を調べたところ、全世界に月間で平均数十回は検索されています。このうち、もし1人か2人でも、パイプライン利用目的の探し方をしてもらえたならば、そこで1位か2位に表示されている"ピッタリの情報"は、その後の引き合いにつながる可能性がかなり高いのです。

さらに、そういう**特殊なキーワードで検索する人は、本当にその限られたセグメントの製品に対する情報を求めている"プロ"なのです。**
　BtoBでは、「ビジネスに関係ない人」からたくさんのアクセスや問い合わせが来るよりは、ピンポイントで自社の製品に興味がある本当の潜在クライアントだけに情報が届いたほうが効果的です。これは、BtoBの場合、一度クライアントになってもらえた先との取引期間が長く、取引額も大きくなるという傾向があるからです。

　こうしてwebサイトに誘導したら、あとは製品の品質の高さを証明するための情報を中心に載せていきます。たとえば品質に関する証明書であったり、性能実験の動画であったり導入実績企業の名前であったりといった情報です。web上でその製品に対する信頼度を高めていくことで確度の高い引き合いにつながります。

　自社で多くの種類の製品を扱っていたとしても、**海外向けの情報発信ではできるだけ"尖った"製品の情報にフォーカスして発信したほうがよいでしょう。**実際の売上の9割以上は汎用品で、尖った製品の売上は1割以下だったとしても、潜在的なクライアントは汎用品について切実な悩みを抱えているわけではないため、新しい仕入先を探したり、既存の取引先を替えることをあまり考えません。

　ただ、尖った製品に、既存の問題点を解決できるまったく新しい技術や機能があるのであれば、そこに新たな引き合いにつながる可能性が生じます。そしてそういった問題解決につながる技術や製品に対して、日本国内だけではそれほど大きなマーケットニーズがないとしても、世界規模では大きなマーケットになる可能性もあります。
　もちろん、**尖った製品の情報を突破口にして新しい取引先を開拓し、その技術力に信頼を得たうえで汎用品の販売拡大につなげていくとい**

うアプローチも取れると思います。

設計フェーズのポイント…訪日客を集めたい自治体の場合

次に、観光関係の場合のポイントを述べます。これから訪日客（インバウンド）を取り込みたい自治体の場合、その戦略は、各自治体の規模や知名度によって違いますが、東京や京都といった、すでに世界的に知られている自治体を除けば、まず、**地元の「世界一」を探すところからスタートする**とよいでしょう。

その際、よくいわれていることが**「若者」「よそ者」「ばか者」の意見を聞く**ということですが、インバウンドならさしずめ外国人の視点を提供してもらうのが一番でしょう。なぜなら、「魚の目に水見えず、人の目に空見えず」という諺のとおり、ずっと地元に住んで生活している人には、その地域のよいところが発見しづらいからです。

これまで、その地域に住む外国人からの情報発信によってインバウンドが成功した例は数多くあります。

高野山では、自ら僧侶となったスイス出身のクルト・キュブリ（クルト厳蔵）氏によって、仏教に関する奥深い情報が発信され、欧米人の観光客にはとくに人気の高いスポットとなっています。

青森では、中国人留学生「モンちゃん」によって撮影された地元の動画がインターネット上で話題になり、東北6県の中では最もインバウンド集客に成功した県になっています。このように地域の「よいところ」を発見する際には、地元にくわしく、「外からの目」をもった人に発信すべき情報を選定してもらいましょう。

世界に打ち出したい地域のよいところが定まった後は、それをどのように世界中の人に知ってもらうかに焦点が移ります。観光の場合、

「日本にある海が見える温泉"onsen with ocean view in Japan"」などのキーワードで検索エンジンから誘導を狙う方法もありますが、前述のBtoBの場合と違って、対象が広く一般の人になりますので、アプローチの方法もまた変わってきます。

　人が国外に旅行に出かける場合、ある地域を訪れるきっかけとなるのは、おもに下記の3つの理由のいずれかに該当すると考えられます。

①展示会やビジネスの商談でそこへ訪れる予定が決まっており、その街を含む周辺地域で観光ができるところを探して訪れる
②雑誌やインターネットで見た印象深い写真がきっかけとなって、その景色を実際に自分の目で見たいと思って訪れる
③その地域で起こった歴史的な出来事や、映画やアニメの舞台になったことに興味をもって訪れる

　上記のそれぞれについて、個別に対策を考えていくと、まず①の場合、訪れたい人は検索エンジン等でその地名情報を検索し、そこで上位に表示されたサイトを訪れ、事前情報を収集します。

　その際、オンライン地図などを用いてその地域を検索し、その周辺に魅力的な観光スポットや美味しい食事ができるところがないかなどの情報を探します。そう考えると、①の場合の訪問者にリーチする対策としては、英語での地名情報検索で、まずは上位に表示されることです。しかし、たいていの場合、観光情報を出すのは、自治体の公的な機関（観光協会など）になるので、地名検索では、もともと上位表示には有利に働きます。したがって、本書で説明する「王道」に沿ってしっかりした外国語ページをつくれば、ほぼ解決が可能です。
　さらに、すでに訪日外国人に有名な地域（たとえば東京）に隣接す

る自治体では、「東京から電車で１時間以内」というようなアクセス情報をweb上に多く出して誘客することもできるでしょう。

上記②のケースでは、webサイトや公式のSNS上に掲載する写真や動画の美しさやインパクトがその成否を決定します。「死ぬまでに１度この場所に行ってみたい」と思わせられるような写真や動画があると、Facebook（フェイスブック）やInstagram（インスタグラム）などのSNSでシェアされやすくなり、口コミで世界中に広がっていきます。

日本国内の成功例では、山梨県の新倉山浅間公園（下掲写真参照）などが有名です。ここは、もともと外国人が訪れるような観光地ではなかったのですが、晴れた日には五重の塔の背景に富士山がくっきり見え、シーズンにはこれに桜も加わることによって「The日本」という景色を、１枚の写真に収めることができます。

この写真がインターネット上で拡散されたことによって、「同じ風

（写真提供：ジャパンガイド）

景を見てみたい」「自分も同じような写真を撮ってみたい」と思う大勢の外国人がこの場所を訪れるようになりました。

　次に③のケースでは、**重要なのは物語（ストーリー）**です。映画やアニメの舞台に選んでもらうかどうかなどは、web上での対策とはまた別の話になりますが、もしすでにそういった事例があるのであれば、それをサイト上でくわしく紹介していくことは効果があるでしょう。
　もしくは、その地域が歴史的な出来事や神話の舞台になっているようなケースでは、その物語をとにかく詳細にサイト上に記述することが集客アップにつながります。

　その際に注意していただきたいのは、3章で詳述する「翻訳の品質」です。同じ日本語でも文章に上手下手があるように、翻訳された外国語の文章にも、極端にいえば天と地の開きがあります。とくに「物語」を起点にして集客を行ないたい自治体の場合は、翻訳の品質に最大限こだわっていくことが重要です。

　以上、製造業と自治体観光の両面で、海外向け情報発信の際の情報の絞り込み方を述べてきましたが、双方に共通していえるのは**「世界一が見えるまで絞り込む」**ことです。そして、そこを突破点にしてその周辺の情報へ拡げていくことにより、徐々に効果が波及していくのです。

8 ツリー構造のサイトで検索エンジンに最適化させる

　検索エンジンへの対応性を強化するためのサイト制作では、テーマの選択と同じく、サイト全体をどのような構成で設計するかも大切な要素になります。その際、重要なのは検索エンジンで最適化したいキーワードをベースにして、サイトのフォルダ構造をツリー状に設計することです。一例として、先ほど挙げた「耐腐食性のあるネジ」"Corrosion-resistant screws"をアピールするため、次ページの**図表2-6**のようなサイト構造を設計してみました。

　ここでは、①直下のファイル（②③④⑤）はすべて"Corrosion-resistant screws"に関係するコンテンツになり、②直下のファイル（④⑤）はすべて"Corrosion-resistant screws for pipeline construction"に関係するコンテンツになります。
　その際のURLとしては、たとえば、図表2-6下段に記したような設定になります。

　このような構造にすると、「/product/resistant/」以下のファイルはすべて①の情報を補強しているとみなされるので、"Corrosion-resistant screws"というキーワードが検索エンジンで使用された時は、①のファイルが検索結果の上位に表示されやすくなります。
　同じく、「/product/resistant/pipeline/」以下のファイルはすべて②の情報を補強しているとしているとみなされるので、"Corrosion-resistant screws for pipeline construction"というキーワードが使用

図表2-6　フォルダ構造はツリー状で

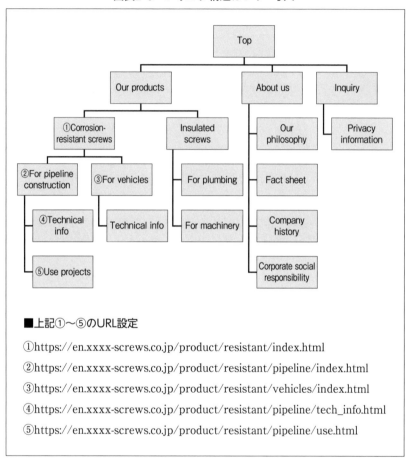

■上記①〜⑤のURL設定

①https://en.xxxx-screws.co.jp/product/resistant/index.html

②https://en.xxxx-screws.co.jp/product/resistant/pipeline/index.html

③https://en.xxxx-screws.co.jp/product/resistant/vehicles/index.html

④https://en.xxxx-screws.co.jp/product/resistant/pipeline/tech_info.html

⑤https://en.xxxx-screws.co.jp/product/resistant/pipeline/use.html

されたときには、②のファイルが検索結果の上位に表示されやすくなります。

　このように、**サイト全体がツリー構造を形成して、コンテンツがその下に多くぶら下がっていればいるほど、それらのコンテンツに押し上げられるようにして、その上位にあるファイルは検索順位が上がっていくのです。**

上記は文章で書くと少しわかりにくいですが、基本的な考え方は日本語のSEO（検索エンジン最適化）と同じになりますので、webサイトの制作会社に依頼するとき、SEOに関する基礎知識をもち合わせているところであれば、理解してもらえる内容になっています。
　なお、上記のSEOとは、本来の、検索エンジンが理解しやすい論理的なサイトをつくるという意味で、**日本で一時期流行した人為的なSEO（検索エンジンを欺いて上位表示をさせる技術）とはまったく異なる**ことをご理解ください。

　基本的に同じと言いましたが、1つだけ、海外向けの検索エンジン対策において日本語サイトと違う点があります。各言語間のリンクの重要性です。たとえば、同じ企業が国内と海外で同一種類の製品を販売しているにも関わらず、日本語サイトと英語サイトで別のドメインを取得し、それぞれのサイト間ではリンクさえしていないようなケースがたまに見受けられます。

　これは双方のサイトにとって検索エンジン上での機会損失につながりますので、各言語間で相互リンクを行ない、検索エンジンにそれぞれが同じ企業の別言語バージョンであることを認識させましょう。
　そうすることで、日本語の関連キーワードにおいても、外国語の関連キーワードにおいても検索結果の表示順位が上がりやすくなります。

multilingual web site

9 海外向けネット販売の留意点

　当社は海外向けのwebサイト制作を専門としていますので、クライアントから「海外向けのネット販売に取り組みたい」という依頼をよく受けます。しかし、現在では、たいていの場合、「うまくいかないからやめたほうがいいですよ」と、正直にお答えしています。
　それは、日本から海外に向けてのネット販売（BtoCを指します）を行なうことは、相当特殊な製品や環境をもっていないと「ビジネスとして難しい」ことを経験上、理解しているからです。

　海外向けのネット販売についての相談でとくに多いのは「日本の伝統工芸品を海外に販売したい」というものですが、これはかなりの確率で失敗します。おもには以下の理由からです。

①伝統工芸品などは、旅行先で買うことに意味があるので、自宅からネットで購買しようとするニーズは少ない
②現在、世界中のかなりの国で国内向けのネット販売サイト（アメリカでのAmazon、日本での楽天、中国での淘宝網のようなサイト）が充実しており、そこで世界中のほとんどの製品が手に入る（つまり、高い配送費をかけて海外から直接購入する必要はない）
③伝統工芸品は、日常的な消耗品ではないのでリピート購入があっても頻度が低い
④輸出入通関が難しい商品が含まれる場合がある（盆栽などは土が付着しているのでほとんどの国で輸入が許されていない。また、国に

よっては高い関税が課される場合もある）

上記のうち、とくに②の理由は見落とされがちなのですが、すでに世界中で大きな構造変化が起こっていることは、実際にやって失敗してみないとわからないことでもあります。

それでも海外向けネット販売が成功するケース

そうは言っても、日本から海外へのネット販売において、成功事例となるいくつかの例外が存在します。以下の２つの事例が、その例外に相当します。

①日本から直接でないと手に入らない（オリジナルの）商品で、配送料が安く、単価が高く、通関で止められにくい商品
②ネット販売（BtoC）のように見えて、実はBtoBを主目的とした販売サイト

上記①の実例は、「そんなものが存在するのか」というくらいレアなケースですが、5章で紹介する「レコード針」がそれに当たります。筆者の年代以上の方はよくご存じだと思いますが、レコード針は、CDに置き換わるまでのアナログレコードの全盛期、日本全国のレコード販売店などで店頭販売されていました。音源がデジタル化された後、需要全体は激減し、やがて世界中の店頭から姿を消しました。

しかし、世界中のアナログレコード愛好家の間では根強い人気があり、そういったマニアとも呼ばれる人たちの間では、音に対して強いこだわりが存在します。さらに、当時のオーディオ製品で世界を席巻していたのは、KENWOOD（ケンウッド）やPioneer（パイオニア）

などの日本メーカーであり、5章で紹介する日本精機宝石工業も日本のレコード針メーカーです。

　同社の製造するレコード針は、他社製品の代替用もありますが、最も人気があるのは同社がオリジナルで開発したSAS（サス／Super Analog Stylus）という製品で、その音質のよさがネット上の口コミにより世界中のマニアの間で評判になりました。
　それがきっかけとなり、海外向けのネット販売サイトからの注文が殺到し、製品は手づくりであるがゆえにその生産が追いつかないほどの売れ行きを記録しています。

　また、レコード針は、海外への配送においても非常に軽量なうえに単価が高いので、ユーザーは国際配送の費用を負担しても購入したい製品といえます。さらに、レコード針は各国での通関の際も規制が適用される国が少なく、ほとんどの国に輸出が可能だというアドバンテージもありました。
　逆にいうと、これだけ条件が揃う製品でないと海外向けのネット通販を成功させるのは難しい、ということを念頭に置いておくべきでしょう。

　ネット通販が成功する例外的な事例の②として、BtoBの取引を主眼においたBtoCサイトの運営を挙げました。なぜかといいますと、前述したとおり、世界中の主要国では国内でのネット販売がすでに一般化しており、海外のネット販売をわざわざ利用するのは、国内のネット販売でその商品が手に入らないケースに限られます。

　しかし、日本でネット販売を利用している方はすでにお感じのとおり、いまや世界中のほとんどの製品が国内のネットから入手可能にな

っています。これを逆説的にいうと、**各国のネット販売業者は世界中から自国ユーザーにとって魅力的な商品を発見すると、それを仕入れて国内のネットを使って販売するようになる**ということです。

つまり、本当に魅力ある商品をネットで展示すれば、そういった商品を探している世界中のバイヤーが見つけて仕入れの打診をしてくれるようになる、といえます。

ここまで書くと、言わんとしていることがおわかりいただけると思いますが、海外向けにネット販売サイトを立ち上げる場合、**BtoCの商品であっても、実はBtoB狙い（仕入れオファーをネット上から受け付ける）であれば、ビジネス的に成功する可能性がある**ということです。もちろん、そのためには、英語等で円滑に仕入れ希望先とコミュニケーションができる能力は必要です。

さらに、BtoBを狙いながらBtoCサイトを立ち上げるにあたって、もう1つ活用したいものがあります。それは、一般的に普及してきたネットショップを構築するオープンソースのソフトウェアです。

こういった専用のソフトウェアを利用すれば、数千種類のアイテムを一度にサイトに掲載して、分類・管理することが可能です。海外においても、サイトの掲載商品アイテム数と検索エンジンからのアクセス流入数との間には正の比例関係が存在するので、BtoCサイト（ネット販売サイト）の商品展示機能だけを上手に使ってBtoBの引き合いを増やす戦略は、1つの成功パターンといえます。

輸入規制と関税に留意する

海外向けネット販売に関して、最後に、輸入規制と関税に留意する必要性について、もう少しだけくわしく述べておきたいと思います。

たとえば、前に触れたとおり、日本の「盆栽」という文化は、海外でとても人気がありますが、土が付着していると検疫に引っかかるため、盆栽をそのまま輸出することはできません。こうした植物検疫や動物検疫の規制はあらかじめチェックしておく必要があるでしょう。また、医薬品や化粧品も規制が多く、注意が必要です。

　国によって異なりますが、国内産業保護のため、品目によっては膨大な関税を課したり、輸入禁止になっているものもあります。たとえば、中古車の輸入に関しては、全面禁止している国や300～400％といった高率の関税を課している国もあります。また、衣料品関係でも高率の関税をかけている国もあります。

　一概にはいえませんが、ビジネスチャンスと思っても、相手国によっては、この輸入規制と関税に阻まれるケースもありますので、自社の製品がその対象になるのか、あらかじめリサーチしておきたいところです。

決済機能の導入は こうする

　海外向けのwebサイトを構築する際、インターネット上で決済を行ないたいケースも出てくるでしょう。とくにネット販売の場合は必須ですし、ホテルや旅館の外国語サイトについても、外部のポータルサイトを利用せず、自社サイト上で予約を受け付けたい場合は必要になってきます。

　日本国内では、さまざまな決済ゲートウェイを提供する会社があり、VISAやAMEXなど、個別にカード会社との契約を結ばなくても1つの契約窓口で簡単にサイトに導入できるので、利用されている企業も多いと思います。
　海外向けのサイト（外国語サイト）にこういった日本企業の決済ゲートウェイを導入する際、気をつけていただきたいポイントがあります。

　当社が海外向けサイトの制作を始めた2000年代の初頭には、日本国内で海外クレジットカードのネット決済ゲートウェイを提供してくれる会社は皆無でした。
　そのため、当時はわざわざ海外の銀行が提供する決済ゲートウェイに申し込んで、英語で複雑な書類のやり取りを行なわないとサイトへの導入ができないといった時期が長くありました。

　しかし、訪日外国人（インバウンド）に市場が注目するようになっ

てきた昨今、日本の決済ゲートウェイ提供会社の多くが「外国語対応」ができるようになったと発表しています。

　ただ、いくつかのサービスでは、以下の２つの問題点が存在する場合がありますので気をつけて下さい。

①海外発行のクレジットカードは決済できない
②英語のUI（ユーザーインタフェース）が非常に使いにくい

　上記の①は"そもそも"の話ですが、実際に発生しています。
　なぜかといえば、同じブランド（VISAやMASTER）のカードでも、日本と海外では発行元が違います。日本の決済ゲートウェイの場合、もともと偽造カード使用防止のために海外発行のクレジットカードを使えなくしていたり、発行元との契約がなくて決済ができないなどのケースがありました。
　外国人が自分の国で発行されたクレジットカードを使用しようとするとエラーが発生するというわけで、やや信じられない話かもしれませんが、現実にありますので、決済ゲートウェイを提供する会社にはしっかり確認しておいたほうが無難でしょう。

　上記②については、最も頻繁に見られるケースで、これは、本書の中でも何度も指摘をしています。つまり、決済ゲートウェイの会社が日本語で使用していたUIのまま、日本語部分のみを抜き出して翻訳会社に投げ、戻ってきた外国語をそのまま日本語と入れ替えて外国語化しているために、外国人にとっては非常に使いづらいUIになっているケースです。
　そして、たいていの場合、誰もその"マズさ"に気づかないまま放置されているケースが数多くあります。
　具体的な例としては、円決済の場合、自国通貨に換算するとどれく

らいの金額になるのかということが表示されない仕様であったり、電話番号や郵便番号の入力欄が日本独自の桁数で固定されているため、そもそも外国居住者が入力できなかったりということが実際にありました。

　こういった決済ゲートウェイの不備については、日本人担当者だけでは見過ごしてしまうケースも多く、最終的にネットからの売上やコンバージョンが悪いという結果だけが出て、どこに原因があるのかが特定できないようです。
　これを防ぐには、**社内、もしくは制作会社で、対象言語のネイティブにプロジェクトチームの一員として関わってもらい、最低でも使用感をチェックしてもらう**というプロセスが必須です。

英語での決済ゲートウェイの主流はペイパル

　海外向けの英語webサイトに決済機能を導入しようとする場合、現時点で最も現実的なゲートウェイはPayPal（ペイパル）でしょう。手続きの簡便さや多言語・多通貨への対応性を考えると、ペイパルの右に出るものはありません。

　PayPalは1998年に設立されたアメリカの会社で、当初からeBay（アメリカのオークション・通販サイト）で使用されたことで世界中に普及したオンライン決済ゲートウェイです。
　すでに日本語にも完全対応しており、PayPalから日本国内の銀行口座に送金する場合も1回5万円以上の場合は手数料がかかりません。

　今後、オンラインでの購入手続きについてもスマホやタブレットから行なわれることが主流になってくると予想されます。それを見据え

た動きとして、AmazonやAppleなどが相次いで独自の決済ゲートウェイを投入してきました。

また、国をまたいだ個人間の少額決済については、今後、FacebookのMessengerからも可能になってくるでしょう（現在はアメリカ国内のみ）。そういった意味では、日本企業が外国語サイト上で決済機能を導入する際の選択肢は、今後もますます増加していくと予想されます。

中国向け決済ゲートウェイの主流はアリペイ

中国向けに運営する中国語サイトに決済機能を導入する場合、最も一般的な決済ゲートウェイは、アリババグループが提供するAlipay（アリペイ）です。

ただ、Alipayの決済ゲートウェイを自社のwebサイトに直接導入するには手続きがやや煩雑なので、日本企業がAlipayの決済機能を組み込んだうえで、提供している決済ゲートウェイを利用するのも1つの手段です。

また、中国においてもモバイル化の大きな流れがありますが、そのなかでテンセントが提供し、すでに4億人（2016年現在）が利用しているともいわれるWeChat Payment（ウィチャット・ペイメント）は、スマホ対応の決済手段としては最も一般的です。

3章

国と言語の違いを
乗り越える実践

multilingual web site

1 結果を出せる翻訳にするために

　本章では、国ごとの特徴や各言語における違いなどについてまとめています。これらの違いは、「克服する」ということよりも、むしろ「意識しておく」ことそのものが重要な場合が多いといえます。各国で話される言葉も、それぞれがその国の文化的背景を反映して成り立っていますので、根本的な部分での違いがあることを認識するところからスタートしましょう。

　まず、結果を出せる翻訳にするうえでの留意点から述べます。
　外国語のwebサイトを制作して運用するときに意識していただきたい、**最も重要なことの1つが翻訳の品質管理（クオリティ・コントロール）**です。しかし、私の知るかぎり、現在の日本企業や組織の中で、これほど重要でありながら、これほど軽視されているものは他にありません。重要な部分ですので、スペースを多めに取ってお話しします。

▶▶▶ 日本語の特殊性を知っておこう

　仕事上、さまざまな国の言語を扱っていますが、日本語というのは世界でもつくづく独特な言語であると感じます。その特徴の1つが、漢字とカタカナ、ひらがなという3種類の文字体系が混在して成立していることです。

そのうち、漢字は意味を表わす表意文字で、ひらがなとカタカナは音を表わす表音文字です。このことは、日本語を母国語とする人には当たり前なので、ふだん意識することはあまりありません。ただし、日本以外の国に目を向けると、漢字を使用する中華圏を除いて、英語などアルファベットを使うヨーロッパ語圏とハングルを使う韓国などは、表音文字のみを利用していることがわかります（各言語の中での例外は"1, 2, 3…"などのアラビア数字で、これは言語ごとに読み方は違ってもすべて同じ意味を表わすので表意文字に分類されます）。

　次の特徴として、日本語は主語と動詞の間に目的語がくるSOV型といわれる文章構造をもっています。
　これは、韓国語やヒンディー語と同じ構造ですが、英語やほとんどのヨーロッパ言語、そして中国語は主語の次に動詞が来て目的語が続くというSVO型の文章構造になっています。

　そして、もう1つの特徴として、これがもっとも厄介なのですが、日本語は、主語や結論を曖昧にしても成り立ってしまいます。たとえば、「国境の長いトンネルを抜けると雪国であった」という文章で、トンネルを抜けたのは「私」なのか「彼」なのか「列車」なのかは、あくまで前後の文章から類推する必要があります。また、結論についても、「……のように思われる」と書くことによって、思っている責任の主体が曖昧なままで文章が成り立ってしまいます。

　こういった特徴から、日本語の翻訳の際に理解しておくべきことは、以下の2つです。1つは、**機械的な翻訳によって他の言語に置き換えることが非常に難しいこと**。もう1つは、**意味の通じやすい翻訳にするには日本語・外国語それぞれに編集などの"ひと工夫"が必要になる**ということです。

1つめの点についてくわしく述べると、世界で進んでいる人工知能などの発達によって、たとえば英語と他のヨーロッパ言語（フランス語、ドイツ語、スペイン語など）は機械翻訳の精度が非常に向上しています。対中国語も同様です。つまり、平易な文章であれば、機械翻訳でも、かなりの精度で読み手に意味を理解させることが可能です。

　しかし、日本語の場合、韓国語との機械翻訳精度は非常に高くなっているものの、英語や中国語との機械翻訳においては、まだ実用レベルには達していません。国の機関やGoogleなどの世界的企業が長い期間をかけて多くの研究開発費を投入してきたにも関わらず、現状のレベルであることを、ご自身でネットの自動翻訳などを使っていれば実感していただけるでしょう。
　ですから、少なくともビジネスで外国語のサイトをつくるときは、機械翻訳ではなく、人間、つまりプロの翻訳者がきちんと翻訳したものを使う必要があるのです。

　2つめの"ひと工夫"というのは、翻訳のもとになる日本語の文章そのものに、主語の曖昧さや国内でしか通用しない独特の言い回しがある場合、それを翻訳する前か翻訳を行なった後に編集する必要があるという意味です。
　たとえば、「東京ドーム3個分の広さ」という表現は、日本国内で比喩的によく使用されますが、これを「東京ドーム」そのものを知らない外国人に使っても読み手のイメージを喚起することはできません。同じく、「江戸時代から続く」という表現でも、「江戸時代」に関する補足の説明を入れたり、世紀や年号の表記に変えたりするなどの必要性が生じてきます。

▶▶▶▶「1文字いくら」の翻訳は危険

　現在、日本企業や行政機関の海外向け情報発信を難しくしている悪弊の1つに、翻訳の発注過程において、「1文字いくら」で見積りを要求し、値段の安い先に発注するという"慣行"があります。これは行政機関等に規程等があって避けられない現象でもありますが、値段のみでの比較は、あくまで「品質が均一」の場合にのみ成り立つのであって、まず問題にすべきは品質であるべきです。

　それでは、翻訳の品質はどういったところで決定されるのでしょうか？　大きく3点あります。
　1つめは、当然のことながら、**スペルミスなどの間違いが少ないこと**。2つめは**用語などの統一ができていること**、3つめは**読み手に伝わりやすい文章表現になっていること**です。ここでは、そのうちのいくつかについて例を挙げましょう。

　大阪に淀川という川があります。この川を英語で表現する際、"Yodo River"としても"Yodogawa River"としても翻訳としては間違いではありません。
　しかし、同じ文章の中で双方の表現が登場すると、"gawa＝川"という認識がない外国人には同じ河川であると認識できません。もちろん、プロの翻訳者の場合は、さらにどちらの訳のほうが頻出度が高いのかをネットで調べたり、より公式なソースがどちらの表現を使っているのかを当たったりして、最終的にどちらに統一するのかを選択していきます。

　ちなみに、日本国内の地名等に関する多言語表記の方法については、

3章　国と言語の違いを乗り越える実践

観光庁より下記のガイドラインが出ていますので参考にしてください。
【http://www.mlit.go.jp/common/001029742.pdf】

　3つめに挙げた「読み手に伝わりやすい文章表現」は、翻訳品質を左右するより大きな要因です。日本語の表現にうまい下手があるように、当然、外国語の表現に関しても、ネイティブとしての文章にうまい下手というものがあります。そこに翻訳という要素が加わるので、その優劣の差は想像以上に大きくなります。

　本当に"プロ"といえる翻訳者は、言葉の奥にあるさまざまな意味と、物事の文化的背景までしっかり調査しようとする高い意識をもっています。それは、単に"直訳"をしても、相手が受け取る情報が、本来、その言葉がもつ意味とは違って伝わってしまう可能性があると知っているからです。
　そういったプロの翻訳者は、単に言葉を"翻訳"するのではなく、相手の言語に合わせて原文の伝えたい内容を"Localize（ローカライズ）"します（英語にする場合は"internationalize"と言ったほうがいいかもしれません）。

　たとえば、英語が原文の小説を読んで、翻訳があまりにぎこちないために物語の魅力が半減してしまって、読み通せないといった経験は多くの人がもっていると思います。上手な翻訳であれば、原文の言語を意識することなく物語に没頭できるようになります。
　値段だけを基準に（1文字いくらで）翻訳発注を行なうと、往々にして前述した表現の統一ができていなかったり、機械的（直訳）であったり、納品前の品質チェックに時間を使っていないケースが多いため、最終的に望んでいた結果を得られなくなってしまうのです。

翻訳会社を選んで発注する際の注意点

　外国語サイトの制作で翻訳会社を選んで発注する際の、いくつかの注意点を挙げておきます。
　1つめは、各言語サイトの監修者をはっきりさせておくことです。基本的に、外国語を専門にするweb制作会社でなければ、webサイトのことはよくわかっても、後述する文字コードや外国語特有の注意点についての認識がありません。
　一方、翻訳会社は、納品した翻訳そのものに間違いがなければ、それがwebサイトに反映されたときにどのような状態で掲載されているかまで責任をもたない場合があります。つまり、**「翻訳」と「web制作」がまったく別々に行なわれてしまうと、最終的な"完成品"の品質が担保されない**ので、その両者をつなげて外国語webサイトとしての最終的な出来をチェックする監修者が必要ということになります。これは、web制作会社が担っても、翻訳会社が担ってもよいのですが、可能であれば双方の機能を併せもった会社が担当するのがよいでしょう。発注する側は、事前にそれを確認しておく必要があります。

　2つめは、翻訳会社に対して、翻訳してもらう際の"好みのテイスト"についてのくわしい要望を出しておくことです。
　翻訳の仕事を受注したとき、翻訳会社は何を考えるかというと、クレームがつかないように間違いのない翻訳をしようとします。そのため、発注者から特別な要望がないかぎり、いわゆる「意訳」は避け、ガチガチのいかにも「そのまま翻訳しました」という文章になってしまいがちです。

　翻訳者としての名前も出る文学作品などとは異なり、一般的な商業

翻訳では、個人的な裁量で文章表現するとリスクが生じる可能性があるため、翻訳者もそれを避けようとする傾向があるからです。こういったことを回避するには、発注者自身が、できれば監修者や翻訳担当者と事前に面談し、どのような意図でどのような表現の翻訳にして欲しいかなどを伝えたほうがよいでしょう。

もしくは、すでに自社とのお付き合いがあり、自社の事業内容がよくわかっている翻訳会社に依頼するか、さらに欲をいえば、社員の中にその言語のネイティブがいて、その人が翻訳、もしくは監修を行なうのがベストでしょう。

逆に、最もよくないのが、事前に翻訳に関する詳細なリクエストを出さず、最後に「翻訳した外国語を確認したいので、再度、日本語に直して欲しい」という要望を出すことです。これでは、出来上がりの翻訳はほぼガチガチの直訳になってしまいます。

▶「英語が得意な日本人」が直してはダメ

日本で制作される外国語のwebサイト、とくに英語サイトの翻訳品質が悪い原因の1つに、「社内で英語が堪能な日本人が翻訳を直す」というケースがあります。これは不思議に思われるかもしれませんが、現実問題としてよく起こり得ます。

たとえば当社でも、あるクライアントから依頼を受けて、英語ネイティブの翻訳者兼ライターが日本語から英訳し納品したものに対して、最終的にクライアント内部でチェックを経て帰ってきたものが、文法面を含め、間違いだらけの英語になっていたケースが多くありました。

くわしく話をうかがうと、クライアントの組織内で英語に自信のある日本人が最終チェックをし、「ひどい翻訳だ」と言って修正をされ

たとのこと。これは、英語ネイティブが日本文の意図を汲みとったうえで、伝わりやすい英語ネイティブの表現に直して翻訳したものを、日本人がそうとは知らずに直してしまったがゆえに起こりました。

　英語ネイティブが書く文章というのは、日本人が習った英語とはやはり異なります。リズムのとり方が独特だったり、少しイレギュラーな言葉を使ったり、逆説的な言い方をしたりするからです。こういった場合、もとの英文と修正された英文について、細かな解説をつけて、どういった意図でこのような表現を用いたかを説明すると、ほぼ理解していただけます。

　しかし、こういったプロセスは翻訳会社からすると余分な工数がかかってしまうため、それを嫌う会社は、あえてクレームの起きにくい「直訳」を選択してしまうということになりがちです。それを防ぐためには、翻訳会社の側も、誰がこの翻訳を担当したのかについて、翻訳者のプロフィールなどを事前に伝えておく努力をすることも求められるでしょう。

　昨今、「外国語に堪能な社員」はさまざまな組織で求められています。しかし、いかに、その言語に堪能な社員であっても、1つの言語の修得レベルには、大きな違いがあるということを理解しておくべきです。いわゆる"英語がペラペラ"といわれる人でもネイティブとは「天と地」ほどの差があります。日本人が誤字脱字のある不完全な日本語の文章を見て違和感を覚えるように、**その言語のネイティブが不完全な文章を読めば、やはり違和感を抱きます。**
　それは自社やその製品・サービスへの信頼感の問題につながってしまいかねません。そう考えると、やはり、外国語に堪能な社員本人を監修者にするのではなく、最終的な監修者であるその言語のネイティ

ブにきちんとニュアンスを伝える役割を果たしてもらうのが、最も適した方法かと思われます。もちろん、これは、日本人社員だけのことではなく、英語が得意だと思われて英語の翻訳監修等を命じられる、英語ネイティブ以外の外国人社員にも当てはまります。

クラウド翻訳という方法も

　業界にくわしい人以外には聞き慣れない言葉かもしれませんが、「クラウド翻訳」という方法もあります。これは、2000年代の後半に登場した新しいタイプの翻訳スタイルです。通常のプロセスで翻訳会社に発注する人力翻訳と、コンピュータが行なう機械翻訳がありますが、「クラウド翻訳」は、いわばその中間に位置する新しいタイプの翻訳発注スタイルです。

図表3-1　クラウド翻訳のイメージ

図を見ていただければわかるように、クラウド翻訳とは、一定レベルのテストに合格した世界中の翻訳者をインターネットでつないで、発注から納品までをサービス提供会社のシステム上ですべて自動完結させる仕組みになっています。

　クラウド翻訳の特徴は、①発注から納品までのスピードが早い、②翻訳料金が（従来の翻訳方法に比べて）安い、③翻訳品質が（通常の人力翻訳ほど）安定していない、の3つです。つまり、大雑把に表にまとめると下記のようになります。

翻訳の種類	費用	翻訳品質
機械翻訳	無料〜安価	低い
クラウド翻訳	安価	低〜高（不安定）
通常（人力）翻訳	標準〜高価	中〜高（会社による）

　クラウド翻訳の代表的なサービス（企業）は以下のとおりです。
- Gengo【https://gengo.com】
- Conyac【https://conyac.cc】
- YAQS【http://www.yaqs.co.jp】
- Trans-Pro【https://www.trans-pro.net】
- YarakuZen【https://www.yarakuzen.com】

　実は、こういったクラウド翻訳の企業が現われて活躍しているのは、（翻訳テクノロジーの世界規模の会議に参加してみて）私の知るかぎり、世界中でほぼ日本だけです。これには、前述した日本語という言語の特殊性と日本全体の市場規模が関係しているのでしょう。

　こういったクラウド翻訳においては、一般に不特定多数の翻訳者を

利用するため、用語の統一性を重んじる自社や自社製品の公式なwebサイトにそのまま利用することはお勧めしません。もし、利用する場合でも、必ずその言語のネイティブの翻訳コーディネーターや監修者をつける必要があります。

　しかし、**クラウド翻訳は、ある特定の分野で上手に利用すると、翻訳費用全体のコストを下げることができます**。たとえば、口コミ等の情報を掲載しているサイトで、大量の口コミ内容を翻訳したり、急ぎのやりとりを要するEメールを翻訳したりする場合に利用できるでしょう。また、上記で挙げたサービス企業によっては、さまざまな工夫によって翻訳品質を上げる努力もなされているので、今後の動向には注目しておくべきかもしれません。

　繰り返しになりますが、成果を上げる外国語webサイトを制作するうえで、翻訳品質のコントロールは非常に大事です。
　また、翻訳は非常に属人的な技能でもあるので、どの翻訳会社に依頼をする場合でも、最終的に誰が翻訳するのか、もしくは誰が監修するのかをしっかり把握しておいてもらったほうがいいでしょう。**大事なことは、納品物に責任をもってくれる会社や人を選択するということ**です。

日本の外国語サイトによくある間違い

　日本人にとっては常識とされることであっても、別の国の人から見ると、まったく違った意味に取られたり、そもそも何を指しているかすらわかってもらえないということは多々あります。相手の表情を見ながらコミュニケーションをとることの少ないwebの世界では、そのすれ違いや行き違いの度合いも大きくなりがちです。

　ここでは、そうした、私たち日本人が勘違いしがちな点、気づかないうちに起こしている外国語webサイトにおける間違いなどを指摘しておきます。

○×△の表示は世界では通じない！?

　公共交通機関や宿泊施設などの予約サイトでよく見かける「○」「△」「×」のマーク。日本人には、とくに意識することなくその意味が理解できると思います。しかし、この記号、実は外国人には意味が伝わりません。日本人であれば、「○＝予約可能」「△＝残りわずか」「×＝予約不可」ということを習慣的に理解していますが、これは**あくまで日本で生活していることによって身につけた認識**なのです。

　多くの日本人にとっては、○はよいという肯定的な意味、それに対して×はダメという否定的な意味という感覚が子供のときから養われています。これは筆者の勝手な推測ですが、○×クイズが日本で大流行したことに影響を受けているからではないかと思うのです。

3章　国と言語の違いを乗り越える実践　87

では、海外では◯と×はどのように扱われているのでしょうか？もちろん、「海外」と一口にいっても国によって違いはあります。ただ、はっきりいえるのは、英語圏で◯が肯定的な意味を表わすという一般認識はなく、先生がテストの採点をするときも、正解にはチェック✓をつけます（海外の航空会社が予約可能という意味で表示を行なう際にも基本的にはチェック✓が使われています）。

　×については、イギリス等でもテストの不正解を表わすときに用いますが、場合によっては、その場所に注意を促す意味で◯をつけるケースもあります。つまり、予約用のwebサイトを外国語化する場合、◯が「まだ予約可能です」、×が「予約できません」という意味に理解してもらえるということは期待できず、△になると、当然、理解不能ということになってしまいます。
　ちなみに、私の知り合いの外国人経営者からは、日本の大手航空会社の外国語webサイトで予約をとろうとしたものの、最終的には使い方がわからず、あきらめたという話を何度か聞きました。

　また、◯×△以外の各種記号についても、基本的には世界共通ではないという認識をもっておいたほうがいいでしょう。たとえば、日本語では範囲や移動を表わす際によく利用される「500〜1,000」、「大阪〜東京」の波ダッシュ"〜"ですが、外国語ではまったく違う意味（「ほぼ等しい」を表わす数学記号など）で使用されるケースがあるからです。記号や日付の表記についての違いはまだまだあり、のちほど詳述したいと思います。

文化や宗教に対する配慮も必要

　海外向けの商品マーケティングなどを行なう際、web上だけに限らず、対象国の人々の文化や宗教に対する配慮も欠かせない要素になってきます。有名な話では、日本の某大手タイヤメーカーが製造し、日本車に搭載されてイスラム諸国に輸出されたタイヤの溝の模様が、アラビア文字でイスラムの神アッラーと読めたことが問題になり、全品回収に至ったという事件があります。

　これは少し極端で、事前に気づくのは難しい例ですが、その他にも、日本の某大手食品メーカーのキャラクターが偶像崇拝をイメージさせるということでデザイン変更を行なったケースなどもあります。

　また、日本国内で制作された販促物等でよく見かけるためか、外国人からも指摘を受けるのが、「日本人は欧米人＝白人という思い込みが強すぎる」というものです。世界はヨーロッパ諸国も含めてすでに多様化していて、それぞれの国が違った人種や宗教を受け入れながら共存しているという認識をもつことが必要でしょう。

知っておきたい文字コードの設定

　日本語のwebサイトをベースにして外国語サイトへ展開する際、見逃されやすいことの1つに文字コードの設定があります。webを専門にする人たちの間でも、外国語を手がけた経験がない人には意外と知られていない場合もありますので、ここで少しくわしく述べておきます。

　文字コードは、一般的に人が読み書きできる「A, B, C」などの文字に対して、コンピュータが認識できる符号をそれぞれ割り当てるこ

とで、それらの文字をコンピュータ上で扱うことを可能にするために生まれました。

　最初は、米国規格協会（American Standards Association 現ANSI）が1963年に定めたASCII（American Standard Code for Information Interchange）で、英数字と記号のみの128文字で構成された文字コード規格でした。ただ、それだけでは、ヨーロッパ言語に特有の記号などを扱うことができず、もちろんアジア独特の漢字などに対応することも必要になってきたので、その過程でさまざまな文字コードの規格が生み出されました。

　日本国内だけで制作されたwebサイトを海外から見たとき、実は、2000年代半ばまでのPC環境では、利用しているOSやwebブラウザの違いによって、ひどく文字化けを起こしてしまうケースが多々ありました。原因は、言語ごとに**さまざまな文字コードが乱立していた**からです。

　たとえば、現在のようにUTF-8が普及する以前には、日本語、英語、中国語などのwebサイトが、それぞれまったく別の文字コードで記述されていました。日本語のサイトを見ると、大体はShift_JISかEUC-JPという文字コードで、英語のサイトはISO-8859-1、中国語はGB2312といった具合です。

　この場合の問題点は、Shift_JISで記述された英語のページを別の文字コードのブラウザで見ると、記号が文字化けを起こしてしまうということにありました。たとえば、日本語の円マーク（¥）を韓国語のブラウザで見るとウォンマーク（₩）に変わってしまう（表示価格が10分の1になってしまう）というようなケースです。

　そこで、文字コードごとに個別に割り当てられていた記号などを、

世界的に統一しようとして現われたのがUnicodeでした。Unicode上では、各言語特有の文字にもそれぞれ固有のコードを割り当てて、世界共通の方式ですべての言語をカバーしようという取組みがなされてきました（2010年からは絵文字にもコードが割り当てられるようになりました）。そのUnicodeの符号化方式の１つである、UTF-8と呼ばれる文字コードが、現在では世界中のwebサイトで最も広く利用されています（ある統計によると2016年4月現在で世界全体の約87％）。

　しかし、過去に制作された日本語のwebサイトの中では、Shift_JISの文字コードがソースに記載されている場合も多くあります。その際に、**日本語のHTMLのソースのままで、中のテキストだけを翻訳してサイトを外国語化すると、海外からの閲覧時に文字化け等の問題が生じます**。また、検索エンジンからの評価にも影響してきます。

　文字コードは下のように、Ctrl+Uを押していただいてwebページの「ソース」を開くと、ヘッダーの中のMetaタグの一種として"charset="の次に表示されています。

```
1|<!DOCTYPE html>↓
2|<html lang="en">↓
3|<head>↓
4|<title>Export Japan Inc. - International web marketing company</title>↓
5|<meta charset="utf-8">↓
6|</head>[EOF]
```

　UTF-8が普及すると、文字コードそのものには言語の属性がなくなりますので、別途、HTMLソースのヘッダーに<html lang="en">（"en"は英語を表わす）などをつけて、そのwebページの言語属性を表わすようにします。これは、検索エンジン等に正しく読み込んでもらうための措置です。

サイト全体の統一性が重要

　翻訳に対する注意点の部分でも触れましたが、日本国内の外国語サイトで品質に関わる問題が、サイト全体の統一性の欠如から生まれていることが多くあります。日本語でも「ですます調」と「である調」が混じっていると不自然な感じを受けるのと同様に、英語やその他の言語においても統一性は重要です。たとえば、統一性が必要なものには下記のような項目があります。

- （英語の場合）イギリス英語とアメリカ英語の統一
- 住所表記に利用する名称などの統一
- 製品名やサービス名についての用語の統一
- 記号や符号などを利用する場合の書式の統一
- 電話番号や時間帯の記載ルールに関する統一

　上記の例をもう少し細かく挙げます。たとえば、アメリカ英語とイギリス英語では、共同住宅をapartment（米）と呼ぶのか、flat（英）と呼ぶのかで一般的な呼称が違ったり、同じ「色（カラー）」という単語でも、color（米）なのかcolour（英）なのかで綴りが違ったりもします。もし、ターゲットとする国が明確なのであれば、その国に合わせることをお勧めしますが、基本的にどちらかに統一がされていれば、大きな違和感は与えないでしょう。ちなみに、日本の公的な機関は、現在、アメリカ英語に統一する傾向が強いようです。

　住所に関する表記なども、日本語を踏襲してそのまま「-ku」や「-cho」と書くのか、それとも英語に直して「ward」や「town」と書くのか、また、「平和公園」を「Heiwa Park」と書くのか「Peace

Park」と書くのか、これもどちらかに統一されていれば問題ありませんが、同じサイトの中で別々の表記がされていれば、見る人は違った場所であると認識してしまいます。

　記号や符号などを利用する場合の書式の統一については、日本国内で見かける外国語で最も軽視されている点の1つです。後述するように、コンマ（,）やピリオド（.）、中黒（・）の使い方も、国や言語の諸習慣によって個々に違う場合があります。これらの用法についても、1つのwebサイト上では、扱い方が統一されていないと、大きな誤解を生じさせるもとになるでしょう。

　次に、電話番号の表記ですが、外国語のサイトをつくる場合、海外のユーザーが見ることが前提となるため、海外からコールするための日本の国番号（81）を付加して市外局番の前の（0）を省略し、"+81-3-XXXX-XXXX" とするのが一般的です（＋の記号はこれが国番号であるという事を表わします）。
　ただ、当然ですが、日本の国内から電話を利用する可能性もありますので、どこが市外局番なのかをわかりやすくするために "+81 (0) 3-XXXX-XXXX" のような表記をする場合もあります。いずれにしてもサイト内全体で統一することが望ましいでしょう。

　時間の表記については、**世界から見てそれがどこのゾーンの時間帯に属するのかを明確にしておく必要があります**。たとえば、日本国内での営業時間などを表記したい場合、日本語であれば、「9:00～17:00」と書けば十分でしょうが、海外から見た場合は、その時刻が日本標準時JST（Japanese Standard Time）であると明記する必要があるでしょう。さらに親切な表記としては、日本時間が自分の住む地域とどれだけ時間差があるのかをわかりやすくするため、協定世界時

(UTC)との差であるプラス9時間を示す"UTC+9"で表わす方法もあります（少し前までは、イギリスのグリニッジ天文台における標準時との時間差を表わすGMT＋9が使われていました）。

　また、航空機の運行や国をまたいだスケジューリングを除くと、北米などでも24時間表記よりも12時間表記でAM（午前）やPM（午後）を使うほうが一般的です。もともと、24時間表記はmilitary timeなどとも呼ばれていますが、最近の経済のグローバル化によって、24時間表記の方が多くなりつつあるのかもしれません。いずれにしても、自社の営業時間などをwebサイトに表記する場合は、"from 9:30 am to 5:30 pm JST（UTC+9）などと表記しておけば誤解はないでしょう。

　現在の日本の外国語サイトで、これらの統一がうまくできていないおもな原因は、やはり完成形の外国語サイト全体を監修していない、もしくは監修できる人がいないという点が大きいでしょう。
　これらの統一性を図るには、**担当者を置いて、各言語ごとにスタイルガイドをつくっておくこと**です。自社の方針などに合わせて制作すればよいのですが、まったくゼロからでは難しいので、英語と中国語のスタイルガイドを、参考のためにご紹介しておきます。

　英語は、世界的に見ても以下の2つのスタイルガイドが主流です。
- シカゴマニュアル【http://www.chicagomanualofstyle.org】
- APAスタイル【http://www.apastyle.org】

　中国語については、世の中にスタンダードと呼べるものがまだありませんので、参考までに当社の中国支社で作成したweb翻訳に関するスタイルガイドを掲載します。こちらをベースに自社の様式に合わせてアレンジしていただければと思います。

図表3-2　中国語のweb翻訳スタイルガイド

1．基本設定

目標言語	中国語簡体字
フォント	SimSun
文字サイズ	原稿に合わせる
段落の最初	2漢字分（＝半角4文字）のスペース

2．文体

・書類向きの言葉を選ぶ。
・見出し・単語は、文書内で統一するように。
・現地向けにわかりやすい言葉を心がけ、直訳、翻訳調はなるべく避けるように。

3．句読点&符号

　中国の句読点や符号の使い方は統一されているものがないため、翻訳業界の慣習に従って、基本的に以下の基準で進める。用語集に使用例がある場合は、用語集に従う。

	日本語	中国語訳	コメント
句点	。	。	
読点	、	,	中国語にも「、」がありますが、列挙する意味として使われています。
中点	・	、	単語の区切りに「・」やスペースは使いません。ただし、人名、地名、単位などの固有名詞については「・」で区切ります。 【日本語】トーマス・アルバ・エジソン 【中国語】托马斯·阿尔瓦·爱迪生
スラッシュ	／	、 または/	原稿の内容によって「、」または「/」を使用します。
カッコ	()	()	二重括弧がある場合、内側の括弧は<>を使用します。 【日本語】（○○株式会社（ABC）） 【中国語】（○○株式会社<ABC>）
カギカッコ	「」	"" () または 《》	原稿の内容によって適切なものを使用します。 ""：話の内容、強調

カギカッコ	「」	""、 () または 《》	()：補足説明 《》：書籍の名前、法律のタイトル 【日本語】「環境基本方針」 【中国語】《环境基本方针》
二重カギカッコ	『』	"" または 《》	原稿の内容によって適切なものを使用します。 ""：会話の引用 《》：書籍の名前、法律のタイトル
ダッシュ	——	……	ダッシュを省略記号に用いる場合は、中国語で「……」になります。
波ダッシュ	〜	~	フォントによって上詰めになることもあります。
三点リーダー	…	……	中国語は6点です。
注釈	※	*	米印は中国語に対応する符号を使用します。ただし、日本語と同じ符号がそのまま使用されるケースもあります。
ハイフン	-	——	「——」は中国語特有の符号です。文中において、説明の符号として使われています。
郵便記号	〒	邮编：	中国語には〒マークは使いません。「邮编：番号」の表示が一般的です。 【日本語】〒530-0004 【中国語】邮编：530-0004
スペース			基本的に漢字1文字分（半角2文字）とします。日本の人名の苗字と名前の間のスペースは半角としますが、中国人名の間にはスペースが不要です。

4．数字

算用数字	数字は原則として半角の算用数字を使用します。	2011年
漢数字	習慣上漢数字が優先される場合、漢数字を使用します。	【正】両年（二年） 【誤】2年 【正】大年三十（大晦日） 【誤】大年30

数値	5桁以上（4桁以下なら不要）の数値であれば、コンマを入れます。	【正】34,000 【誤】3,400

5．単位

単位の書き方	単位は各数値の後につけます。	【日本語】18～22メートル 【中国語】18米～22米 【日本語】400×200×300 【中国語】400mm×200mm×300mm

6．固有名詞

英語人名	固定訳中国語訳があれば漢字に訳します。周知されていない人名であれば、英語に訳すか、音訳の漢字に英語を注釈します。	【日本語】エジソン 【中国語】爱迪生 【日本語】アビー 【中国語】艾比（Abby）
日本人名	文章の中であれば、苗字と名前はスペースがないようにします。フォームや表の場合、苗字と名前の間、半角のスペースを入れます。	【日本語】高岡 謙二 【中国語】高冈 谦二
会社名	「株式会社」の位置を変更せずに訳します。該当漢字がない場合、英語やローマ字に翻訳します。英語なら首文字は大文字にして、ローマ字なら全部大文字にするようにします（英語名の場合、原稿に従います）。 ※覚えやすいため、漢字ネーミングがおすすめです。	【日本語】エクスポート株式会社 【中国語】Export株式会社 【日本語】あすか株式会社 【中国語】ASUKA株式会社

7．住所

地名	日本地名を翻訳するとき、中国で慣用的な言い方に訳します。	例：①横浜　→　横滨 　　②渋谷　→　涩谷
	「ヶ」や「の」など該当漢字がない日本語は、「ヶ」を省略、「の」を「之」に翻訳します。	例：①東京都渋谷区桜ヶ丘町 　　→　东京都涩谷区樱丘町 　　②東京都千代田区丸の内 　　→　东京都千代田区丸之内

地名	京都の地名に、「上ル」や「下ル」を含む場合、「上ル」を「～通りと～通りの交差点から、北へ行く」、「下ル」を「～通りと～通りの交差点から、南へ行く」に翻訳します。	例：京都府京都市中京区新京極蛸薬師下ル東側町525-1 → 京都府京都市中京区新京极路与蛸药师路交叉口往南，东侧町525-1

8．電話番号

日本の国番号	海外向けのサイトの場合、日本の電話番号は中国からかけられるように訳します。	【日本語】TEL(027)385-34XX 【中国語】TEL：+81-27-385-34XX

9．法律名

日本法律名、規制的な文献名	日本法律名、規制的な文献名を通訳するとき、中国で慣用的な書き方に訳します。	【日本語】独占禁止法 【中国語】《垄断禁止法》

10．年号

日本の年号	日本の年号を翻訳するとき、西暦と日本年号両方を表示するように訳します。	【日本語】平成23年 【中国語】2011年（平成23年）

11．略称・定義

略称・定義	周知されていない略称、専門定義であれば、説明を補足します。	【日本語】トップランナー 【中国語】领跑者（Top Runner）计划是日本经济产业省推行的一套最佳实践方法，其目的是应日本关于合理利用能源的法规要求，降低二氧化碳排放量。

12．別名

別名	日本では複数の名称（別名）は存在しますが、中国語の名称は1つしかない場合、単一名称を採用します。	【日本語】シクロヘキサノン（アノン） 【中国語】环己酮

13．特殊記号

特殊記号	日本語の特殊記号について、理解しやすいように中国語の説明も補足します。	【日本語】◎、○、△、× 【中国語】◎＝优　○＝良　△＝可　×＝不可

14. CSS符号 （変更する必要はありません）

黒丸	●	リスト項目を示す
白丸	○	同上
四角	■	同上
数字	1.2.3.など	同上
大文字アルファベット	A.B.C.など	同上
小文字アルファベット	a.b.c.など	同上
大文字ローマ数字	Ⅰ.Ⅱ.Ⅲ.など	同上
小文字ローマ数字	ⅰ.ⅱ.ⅲ.など	同上

「数値」や「日付」の表記方法もこんなに違う

　日本でおもに英語への翻訳を行なう場合、各国ごとにさまざまな点で基準が異なることを考慮に入れずに、アメリカ基準を絶対として考えてしまうという傾向が見られます。たとえば、位取りの表記です。

　「センゴヒャクニジューイチテンサンハチ」は、日本人なら当たり前に1,521.38と書くでしょう。これはアメリカやイギリスでの一般的な用法ですが、ヨーロッパ大陸では国によって微妙な違いがあります。イタリアやスペインでは、1.521,38となり、コンマとピリオドの使い方は日本とまったく逆になります。

　また、フランスやロシアでは、ピリオドは使わず、1 521,38となり、3桁区切りにスペースを用いて、小数点にスペイン等と同じコンマを使うのが一般的です。**日本人は、アメリカ方式やイギリス方式を絶対的な世界標準と思い込んでしまっている傾向がある**ので、この点は認識のリライトが必要かもしれません。

図表3-3 各国の年月日と数字の表記方法

地域	日付表記ルール	日付表記サンプル	数値表記
オーストラリア	—	—	1,234,567.89
バングラデシュ	dd-mm-yy	25-09-16	1,234,567.89
ブラジル	d/m/yy	25/9/16	1.234.567,89
カナダ	dd/mm/yy	25/09/16	1,234,567.89
中国	yyyy/mm/dd	2016/09/25	1,234,567.89
エジプト	yyyy/m/d	2016/9/25	1,234,567.89
フランス	dd/mm/yyyy	25/09/2016	1 234 567,89
ドイツ	dd.mm.yyyy	25.09.2016	1.234.567,89
香港	yyyy/mm/dd	2016/09/25	1,234,567.89
インド	dd/mm/yyyy	25/09/2016	1,234,567.89
インドネシア	dd-mm-'yy	25-09-'16	1.234.567,89
イラン	dd/mm/yyyy	25/09/2016	1,234,567/89
日本	yyyy/mm/dd	2016/09/25	1,234,567.89
韓国	yyyy-m-d	2016-9-25	1,234,567.89
マレーシア	d/m/yy	25/9/16	1,234,567.89
メキシコ	d-m-yy	25-9-16	1,234,567.89
ミャンマー	—	—	1,234,567.89
パキスタン	dd/mm/yy	25/09/16	1 234 567,89
フィリピン	mm-dd-yyyy	09-25-2016	1,234,567.89
ロシア	dd.mm.yy	25.09.16	1 234 567,89
サウジアラビア	yyyy/m/d	2016/9/25	1,234,567.89
シンガポール	—	—	1,234,567.89
スペイン	d-m-yy	25-9-16	1.234.567,89
スイス	dd.mm.yyyy	25.09.2016	1'234'567.89
台湾	yyyy/mm/dd	2016/09/25	1,234,567.89
タイ	dd/mm/yyyy	25/09/2016	1,234,567.89
トルコ	dd.mm.yyyy	25.09.2016	1.234.567,89
イギリス	dd/mm/yy	25/09/16	1,234,567.89
アメリカ	mm-dd-yy	09-25-16	1,234,567.89
ベトナム	d/m/yyyy	25/9/2016	1.234.567,89

出典：Oracle, Microsoft

年月日の表記については、日本では年号から始まって、月、日の順番で書くことが一般的です。ただ、クレジットカードの表記などでは、日本でも年と月が逆になっていることでお気づきのように、その順序は、日本、ヨーロッパ、アメリカでそれぞれ異なっています。

　こういった数字と年月日の表記方法についても、国ごとにまとめてみました。とくに数字の表記などは、同じアジア圏においてもさまざまです。世界史にくわしい人ならよくご存じのとおり、実はアジア各国がヨーロッパの旧宗主国の文化的な影響をそれぞれ強く受けているからです。

　なお、数字の位取りに使われるコンマ（,）について補足しますと、英文中の区切りとして使用される場合、必ずその後に（半角）スペースが入ります。コロン（:）やセミコロン（;）についても同じで、前の文字との間にスペースはありませんが、その後に続く文字との間には必ずスペースが入ります。この点は、日本国内で見かける公共の英文などでも軽視されていることが多く、英語ネイティブからよく指摘が入る部分です。

ネーミングの際の留意点

　製品等のネーミングについて、日本国内だけで販売する場合、カタカナのものは、「なんとなく響きがよい」という理由でつけられているケースもあるように見受けられます。さすがに大手企業では、英語になった場合の印象チェックなどはされていると思いますが、他の**外国語で「印象のよくない音」がカタカナのネーミングに利用されているケースは数多くありますので注意が必要**です。

　さらに、現時点であまり意識されていないのは、中国語によるネー

ミングです。ご存知のとおり、中国語にはカタカナは存在しないので、「レッド＝紅」のようにそのままの意味で変換できるものを除いて、近い音を漢字に変換して表わします。しかし、よく似た音を表わす漢字の種類は数多くあり、その中でより意味的に合致する漢字を選択することが重要なのです。

たとえば、中国語でコカ・コーラは「可口可乐」と書きますが、その発音をローマ字で表わすと「Ke Kou Ke Le」で英語と同じではありません。しかし「可口」が「美味しい」という意味を表わし、「可乐」も楽しさを表現しているので、コカ・コーラ本来のイメージとうまく合致し、成功した中国語のネーミング例としてよく引き合いに出されます。

当社でも、最近、ジャン・ルソー（英語名：Jean Rousseau）というフランスの服飾ブランドの中国語ネーミングを引き受けました。いくつかの案のうち、最終的には「匠瑞狮」（発音はJiang Rui Shi）に決定されましたが、「匠」は品質に対する職人的なこだわりを表わし、「瑞」は縁起のよさ、「狮」は野性的なカッコよさを表わしています（注：ジャン・ルソーは男性向けが主体のブランド）。

こういった音をベースに商品名などを中国語化する場合、翻訳会社に対して明確な指示がなく、過去に翻訳されている前例もないケースでは、最初の翻訳が当該製品の今後の中国語名称を決めてしまうことになります（通常、翻訳者は、まず前例がないかをチェックして翻訳を行なうため）。それを考えると、最初の製品名称等の中国語翻訳を行なう場合には、**中長期にわたってしっかりしたブランドを維持できるようなネーミングにしておくことが重要です。**

多言語展開は英語サイトをベースに

　日本語サイトを外国語に翻訳する際には、前述したように、電話番号の書き方や地図の表記などについて、外国人の目線で内容をチェックし、日本人以外にもわかる表現にしなければなりません。とくに日本語の場合は、無意識のうちに「日本人だったら説明しなくてもわかるだろう」という内容に関しては最初から文章を省いているケースが多いため、そういった日本人特有の共通認識がないという前提で、その部分を補って翻訳する必要があります。

　多言語展開する場合には、そういった**補足を加えた英語の文章をベースにして、他の言語、たとえばスペイン語やフランス語に翻訳したほうが間違いが少ない**といえます。日本語独特の省略部分がすでに補われていることと、言語の構造が似通っているからです。

　ただし、英語・ヨーロッパ語圏は、いわゆる西側の情報として、文化的にも共通する部分が多いのですが、中国語圏ではそれが通用しにくい、つまりそのまま翻訳しにくいということは往々にしてあります。ただし、台湾や香港に関しては、歴史的な経緯から欧米圏の文化が幅広く通用します。中国市場の特殊性については後述しますが、いろいろな部分で、英語圏の常識がそのまま適用できないことが中国本土では想定されます。

　最後に、外国語のwebサイトに地図を載せるときの注意事項も少しだけ記しておきます。
　日本企業の会社紹介などで、日本語サイトの地図をそのまま使い、地名だけを翻訳して外国語webサイトに利用されているケースをたま

に見かけます。そうすると、たいていの場合は国名の記載はなく、住所表記が都道府県名から始まっていたりするのですが、検索エンジン等でサイトにたどり着いた外国人には、その住所がどこの国なのかがわからない場合があります。

　同じように、最寄りの駅（たとえば県庁所在地の名前がついた駅）からのルートが地図に表記されていたとしても、外国人にはその駅までどうやって行けばいいかがわかりません。外国語サイトに載せる地図が海外からの来訪を前提としたものであれば、空港から最寄駅までの案内図（アクセスマップ）も載せておく必要があるでしょうし、それぞれの区間の所要時間も併記しておくとよいでしょう。

　最近では、これらをすべて網羅するためにGoogleマップを埋め込んでおくという方法も一般的になってきました。しかし、これも後述しますが、1つだけ注意すべき点は、中国のようにGoogleのサービスがブロックされている国があるということです。

　たとえば、中国語のwebサイトにGoogleマップを入れると、それが中国本土からのアクセス制限にひっかかり、ページ全体が読み込めなかったり、読み込み速度が極端に遅くなるなどの問題が生じます。

multilingual web site

3 国によって違う インターネット事情

インターネットは世界中をつなぎ、さまざまな国の情報を得やすくしてくれるグローバルなツールであることは確かです。ただし、それぞれの国や地域によって独特の傾向があり、それを大枠で理解しておくことは全体のマーケティング戦略を立てる際に有効です。

2016年現在の世界人口約73億人のうち、インターネットへ接続している人は全人口のおおよそ46％にあたる34億人と試算されています。主要な国におけるインターネットユーザーの割合などを次ページの**図表3-4**にまとめてみましたので、ご参照ください。

モバイル接続の数は、人口を上回っている国が多くありますが、これは平均で1人が1台以上の携帯回線を保有していることを表わしています（仕事用と個人用など）。また、上記の表に出ていない国も含めたデータを合算すると、アフリカ諸国におけるインターネットの普及率は、全体で人口比の約29％に過ぎませんが、携帯回線の契約数は、人口比で約82％に達しています（出典：We are social ltd.）。

▶▶▶ インターネット環境の地理による分類

世界のインターネット環境を俯瞰すると、大きくは2つの分類方法によって傾向を把握することができます。1つめの分類方法は、文字どおり地理的な分布による分類です。

まず、**北米大陸を見ると、インターネットの普及率は人口の9割近**

3章 国と言語の違いを乗り越える実践

図表3-4 各国のインターネットユーザーの割合

地域	人口（百万人）	ネットユーザー（百万人）	ネット普及率	モバイル接続	対人口比	平均回線速度（kbps）
オーストラリア	24.14	21.18	88%	30.65	127%	8,785
バングラデシュ	162.00	53.94	33%	134.4	83%	3,634
ブラジル	208.70	120.20	58%	267.1	128%	4,521
カナダ	36.11	33.00	91%	30.48	84%	14,288
中国	1,379	688	49%	1,314	95%	4,254
エジプト	92.45	48.30	52%	94.00	102%	2,428
フランス	64.53	55.43	86%	64.67	100%	9,877
ドイツ	80.69	71.73	89%	107.6	133%	13,931
香港	7.32	5.75	79%	13.00	178%	16,800
インド	1,319	375	28%	1,012	77%	3,465
インドネシア	259.1	88.10	34%	326.3	126%	4,543
イラン	79.58	46.80	59%	112.5	141%	3,535
日本	126.4	115.0	91%	173.3	137%	18,185
韓国	50.40	45.31	90%	57.08	113%	29,047
マレーシア	30.54	20.62	68%	43.43	142%	6,379
メキシコ	127.8	60.00	47%	103.50	81%	7,050
ミャンマー	54.13	7.60	14%	36.56	68%	3,646
パキスタン	190.9	29.13	15%	126.3	66%	2,508
フィリピン	101.5	47.13	46%	119.2	117%	3,470
ロシア	143.4	103.10	72%	247.2	172%	12,171
サウジアラビア	31.85	20.29	64%	57.58	181%	4,653
シンガポール	5.65	4.65	82%	8.22	145%	16,501
スペイン	46.09	35.71	77%	49.16	107%	13.309
スイス	8.34	7.25	87%	11.28	135%	17,768
台湾	23.46	19.71	84%	32.60	139%	14,811
タイ	68.05	38.00	56%	82.78	122%	10,769
トルコ	79.14	46.28	58%	71.03	90%	7,240
イギリス	64.91	59.47	92%	74.92	115%	14,936
アメリカ	322.9	282.1	87%	342.4	106%	15,333
ベトナム	93.95	47.30	50%	143.00	152%	5,029

出典：We are social ltd, Akamai technologies

くに達し、回線速度も安定しています。また、SNSの利用状況についても、一定以上の普及はしつつも過剰な利用はされていないという特徴があります。

「過剰でない」という表現は、南米でのSNS利用に大きな特徴があるからで、ブラジル、メキシコ、アルゼンチンでは、ユーザー1人あたり1日平均で3時間以上もSNSを利用しているという統計が出ています（ちなみに日本での1日平均利用時間は20分程度です）。

ヨーロッパ諸国のインターネット利用環境の特徴は、そのまま北米の平均的な状況と似ています。ヨーロッパの中で**最も特徴的なのは、ノルウェー、スウェーデン、フィンランドなどの北欧諸国で、この地域は世界で最もインターネットの通信環境が発達している地域**です。ノルウェー、スウェーデンのインターネット回線普及率は、それぞれ96％と94％で、国民のほとんどがネットを利用しています。また、両国の通信回線速度を上回っているのは、調査統計上、世界で唯一、韓国のみとなっています。

次に中東諸国を見てみると、国によって大きな違いがあるものの、インターネットに接続している人の割合は、平均で全人口の約半数にあたる53％です。これは、UAEなどの政治的に安定している国（全人口の96％がネットに接続）と、イラクなどの不安定な国（全人口の30％がネットに接続）の間に大きな開きがあるからですが、直近の傾向を見ると、2015年の1年間だけで中東全体のインターネット利用者は17％も増えていて、今後もしばらくは増加傾向が続くと見込まれています。また、中東の一部の国では、SNSの利用が非常に活発で、カタールでは全人口の75％がSNSを利用しています。

アフリカにおけるインターネット利用環境は、回線速度（南アフリ

カとケニアを除いて5000 kbps以下）においても、全人口に占めるネット接続人口（29％）においても、世界平均からは大きく出遅れています。また、アフリカでは、SNSの利用率も、全人口比で11％とあまり高くありません（世界平均は31％）。ただ、**固定回線が普及する前に携帯電話の利用が広まったという事情から、モバイル機器によるインターネット利用は非常に活発**になっています。たとえば、インターネットのトラフィック全体に占める携帯からのアクセス比率は、ナイジェリアで82％、南アフリカ共和国で75％となり、世界平均の39％を大きく上回っています。

　そして、アジア地域におけるインターネット利用の状況は、まさに世界全体の縮図です。インターネット回線の速度は、東アジアに位置する韓国が世界でトップ、日本も10位内に入っています。しかし、南アジア地域はインターネットの普及そのものが遅れていて、インドにおけるインターネット普及率は、対人口比わずか28％で、この数字はアフリカ諸国全体の平均である29％を下回っています。

　東南アジアにおけるインターネットの普及率は、対人口比で41％と全世界平均の46％と大きく変わりませんが、SNSの利用が南米と同じく非常に活発で、ユーザー1日あたりの平均利用時間は、フィリピンが3.7時間、タイが2.9時間、インドネシアが2.9時間となっています。

インターネット環境の政治的傾向による分類

　世界のインターネット環境を俯瞰して見えてくるもう1つの大きな傾向は、各国の政治的な立場による分類です。この分類では、インターネットの普及率や回線速度といったインフラ面でなく、その国で一般的に普及しているwebサービスに大きな特徴が見てとれます。

　世界的に普及している検索エンジン、SNS、メッセージング（チャ

ット）アプリについて、どの国や地域で最も利用されているかを次ページの**図表3-5**に分類してまとめてみましたので、ご参照ください。

　この表を見ると、世界でのwebサービスの普及は、大きく分けてロシアと東欧（旧ソ連圏）、中国、そしてその他の地域の３つに分類できます。また、日本市場に与える影響が強い国の中では、韓国のみが独特なインターネット環境をもつのですが、それについてはこの後に詳述します。

　図表3-5からわかるように、それぞれの国で別々のwebサービスがシェアを握っている背景については、純粋な市場競争に加えて、各国の政治的な環境も見え隠れします。とくに**中国については、欧米発のグローバルなwebサービスを国内で規制しているがゆえに、国産のサービスが高いシェアを保っているともいえる**でしょう。そして、こういった規制は、モノの貿易と同じように純粋な国内産業育成のためだけではなく、政治的な意味合いも含まれています。

　インターネットは、閲覧したサイトや購入した製品など個人の嗜好に加え、友人と会話した内容もすべて記録としてサーバー上に残ってしまうため、グローバルなサービスを提供する会社は、国境を問わず膨大な量の個人情報を手に入れてしまいます。これは、さまざまな場面で政治的に利用されるおそれもあるため、国によっては政府がコントロールできる自国企業のみにしか、そういったデータ蓄積を許可したくないという事情もあるでしょう。

　主題から外れるので、くわしくは触れませんが、各国によるwebサービスの普及については、それぞれの利便性や魅力による自由競争に加えて、国際的な政治状況が複雑に絡まった形で進行しています。

　話をもとに戻すと、検索エンジンの市場については、中国、ロシア、

図表3-5　世界の検索エンジン等のシェア

検索エンジン	トップシェアの国・地域	補足
Google	ロシアと中国を除く世界全域	世界中のほとんどの国で90%以上のシェア（日本のYahoo!もGoogleの検索結果を使用）
百度	中国本土	2015年のデータで55%のシェア
Yandex	ロシア、東欧	2015年のデータで58%のシェア、2位はGoogleで34%
Naver	韓国	2015年のデータで77%のシェア、2位はDaumで20%
SNS	トップシェアの国・地域	補足
Facebook	ロシアと中国を除く全世界	2016年第二四半期のデータで月間の利用者数が17.12億人
Instagram	Facebookとほぼ同じ	若年層のシェアが高い。2012年にFacebook傘下に
Twitter	Facebookとほぼ同じ	2016年第二四半期のデータで月間利用者が3.13億人
Qzone	中国	徐々にWeChatへ移行
VK（VKontake）	ロシア、ロシア語ユーザー	2016年6月現在で3.69億のアカウント数を保有
Linked-in	Facebookとほぼ同じ	ビジネス（就職・転職）用途で利用
メッセンジャー/チャットアプリ	トップシェアの国・地域	補足
WhatsApp	ヨーロッパ、南米、東南アジア、ロシア、インド、アフリカなど世界100か国以上	世界全体で月間約10億人が利用
Facebook Messenger	アメリカ、カナダ、フランス、オーストラリア、スウェーデン、ノルウェー	2016年4月時点で約9億人が利用
Skype	不明	2011年にMicrosoftの傘下に。2016年4月に月間のアクティブユーザー数が3億人を突破と発表
Viber	ウクライナ、ベラルーシ、リビア、ミャンマー、エチオピア	2016年6月の登録アカウント数が7.84億

WeChat	中国、中国語ユーザー	5億人以上が利用。SNS的な機能も併せもつ
LINE	日本、タイ、台湾、トルクメニスタン	2016年第二四半期で2.2億人が利用
KakaoTalk	韓国	韓国で93%のスマートフォンユーザーが利用
Zalo	ベトナム	ベトナム国産のアプリ。2016年2月時点でベトナム全人口の半数以上が利用
BBM（BlackBerry Messenger）	インドネシア	カナダ発のアプリ。2016年2月時点でインドネシア国内の5.5千万人が利用
Telegram	イラン、ウズベキスタン	ドイツ本社の会社から提供されているアプリ。2016年2月時点で、ユーザー数が全世界で1億人を突破

韓国を除いて、ほとんどの国でGoogleが90％以上のシェアをもって圧倒的な優勢を保っています（日本でも、Yahoo! JAPANは、2011年から内部の検索エンジンをGoogleに変更しました）。

Googleの高いシェアは、洗練された検索アルゴリズムやその提供スピードなど、その技術力がおもな理由でしょう。2000年代には、検索エンジン市場でGoogleに対抗しようとする会社が多く現われましたが、ほぼ駆逐されて世界市場では１強の状態を保っています。また、PC経由のトラフィックからスマートフォンなどモバイル経由のトラフィックに重心が移りつつある現状においても、同社のAndroid OS（Googleが提供するライセンスフリーのOSで、デフォルトの検索エンジンにはGoogleを使用）が世界市場の８割以上を占めていることから、この地位はしばらく揺るがないでしょう（次ページ**図表3-6**参照）。

次にSNSの市場を見てみると、検索エンジン市場でのGoogleと同じ

図表3-6 スマートフォンOSの世界シェア

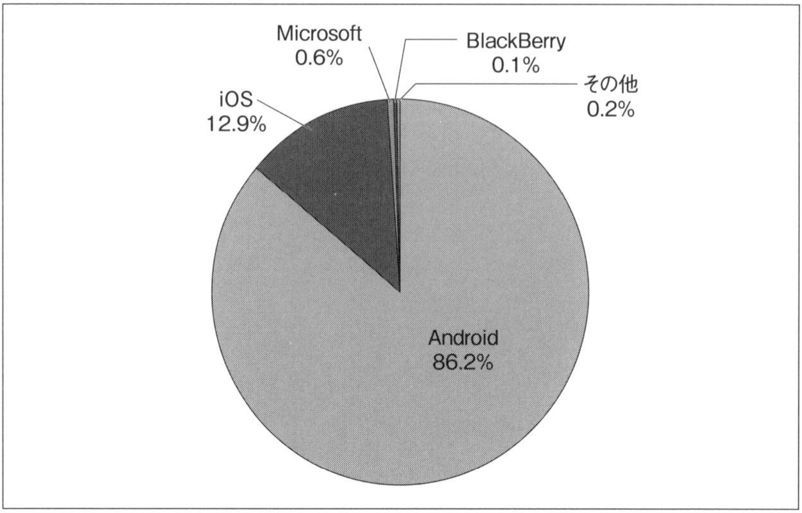

Microsoft 0.6%
BlackBerry 0.1%
iOS 12.9%
その他 0.2%
Android 86.2%

出典：gartner.com

　状況をつくり出しているのがFacebookです。Facebookの月間ユーザー数は、2016年時点で15億人を突破し、世界人口の5人に1人以上が月に1度以上利用するSNSとなっています。また、SNSやチャット系アプリについては、テキスト中心なのか、写真が中心なのか、またビジネスで利用するのか、個人の立場で利用するのか、もしくはその中間かなど、**1人の人間が用途によって複数のサービスを使い分けている**というのも特徴の1つです。

　その中で、写真共有を中心に据えて急激に利用者数を伸ばしているSNSがInstagram（インスタグラム）です。利用者の年齢層もFacebookより若い層が中心になっています。Instagramは、2012年にFacebookに買収されて傘下に入り、2016年時点では、月間の利用者数が5億人を突破したと発表しています。

　SNSの中で、利用目的がビジネスにフォーカスされているのが

Linked-in（リンクトイン）です。登録アカウントの数は、2016年時点で4億5000万人、そのうち、月間の利用者数はおよそ4分の1で1億人を少し超える程度と見られています。Linked-inは2016年にマイクロソフトに買収されました。また、Linked-inと似たビジネス向けのSNSとしては、ドイツ語圏で人気の高いXingや、フランス語圏で人気のViadeoなどがあります。

　最後に、メッセージ交換やチャットを目的としたアプリについては、現在はほぼモバイルを中心に利用されています。図表3-5を見ていただいてわかるとおり、この分野については、検索エンジンやSNSほど世界全体の寡占化は進んでいません。そのなかで、最も高い世界シェアをもっているのがWhatsApp（ワッツアップ）で、SimilarWeb社のAndroid OSを対象とした集計では、世界100か国以上で「最も利用されているメッセージングアプリ」となっています。
　逆にWhatsAppがほとんど利用されていない経済規模の大きな国は、日本、韓国、中国のみとなっています。なお、WhatsAppは2014年にFacebookに買収されてその傘下に入っています。

　ちなみに、SNSとメッセージング（チャット）アプリの境目については非常に曖昧で、とくにサービスの利用がモバイル中心に移行してきてからは、双方の機能を備えたサービスが多くなっています。たとえば、WeChatを提供する中国のテンセント（騰訊）は、別にQQといわれるインスタントメッセージングソフトと、QZone（QQ空間）といわれる交流サイトの両方を運営しています。
　しかし、モバイル版のアプリをWeChatとしてリリースしてからは、双方のサービスが融合されたような機能をもっているので、ユーザーは徐々にWeChatのほうへシフトしているといわれています。また、FacebookについてはSNS上でのユーザー間のメッセージ交換機能

を、モバイルアプリではMessengerとして切り離しました。

　これらのwebサービスの世界シェア全体を俯瞰すると、アメリカに本社を置く企業が世界全体での寡占化を進め、中国企業は国内市場と海外の中国人ユーザーを囲い込み、ロシアは、自国と東欧を含むロシア語圏で独自のサービスを維持するという構造が見てとれます。

▶▶▶ インターネット検閲をする国々

　日本にいると気づきにくいことですが、世界中の複数の国では、インターネットの検閲が行なわれています。最も有名なのは**「グレートファイアウォール」**ともいわれる**中国の検閲システム**で、海外のサーバーを経由して中国国内に入ってくる情報は、いったんすべて中国政府独自の検閲システムを通るため、特定のキーワードで情報が遮断されたり、通過しても非常に時間がかかって通信速度が極端に遅くなる場合があります。万里の長城は英語で「Great Wall」と呼ばれるので、それをもじって名づけられました。

　また、上述したアメリカ発で世界シェアを独占しているwebサービスについては、その多くが中国本土からは利用できません。中国がグレートファイアウォールによってブロックしているおもなサイトやwebサービスには、Googleとその関連サービス、Facebook、YouTube、Wikipedia、Twitter、Instagram、LINE（ライン）などが含まれます（116ページ**図表3-7**参照）。
　それによって、中国語のwebサイトを制作した際に、ブロックされているwebサービスをページの中に組み込んでいたりすると、そのページがうまく（中国本土からは）表示されませんので、注意が必要です。たとえば、最近、GoogleマップやFacebookの「いいね！」ボタ

ンをサイトに組み込んで使うケースが増えましたが、中国語のサイトにそれを使うと、その部分のデータを発信するサーバーを中国本土からはブロックしてしまいますから、それによってページの読み込みが途中で止まったりするのです。

また、自社で運営するサイトが中国からブロックされていなくても、共有サーバーなどにサイトを開設している場合は、同じサーバー内にブロックされているサイトが存在すると、IPアドレスごと一緒にブロックされてしまうことも発生します。

中国当局がグレートファイアウォールによってブロックしているのは、サイトそのものであることもあれば、キーワードであることもあります。そのサイト内にどのようなキーワードが入っているとブロックの対象になるのかは、その時々の政治情勢や世界で話題になるニュースにより変わってきます。図表3-7には比較的、コンスタントにブロック対象となっているキーワードとサイトをまとめてみました。

中国のようにインターネットの検閲を行なっている国は、世界中でほかにも存在します。「国境なき記者団」のレポートによると、サウジアラビアやイランなどの国では、中国と同じように自国民がアクセスできるインターネット上の情報を大幅に制限しています。

また、特定の政治的な情報については、ロシア、ベトナム、インドなど多くの国でも閲覧制限が加えられています。そして、自国民の情報取得そのものに制限を設けていなくても、アメリカを含む多くの国ではインターネット上を流れる情報を収集・分析していますので、インターネットの検閲そのものは、世界で一般的に行なわれていると考えておいたほうが無難でしょう。

図表3-7 中国での禁止ワードと禁止サイト

検閲対象ワード	日本語の意味	分類
民主	民主主義	中国政府が政治的に好ましくないと考える用語
人权	人権	
独裁	独裁	
专政	専制政治	
专制	専制（政治）	
镇压	鎮圧	
网络封锁	ネット規制	
疆独	ウイグル独立	
藏独	チベット独立	
反共	反共産党	
反党	反共産党	
共匪	共産党を揶揄する表現	
共惨党	共産党を揶揄する表現	
红色恐怖	共産党を揶揄する表現	
邪恶	邪悪	
流亡	滅亡	
群体灭绝	集団絶滅	
达赖	ダライ・ラマ	中国政府が好ましくないと考える人名やメディア、団体の名前
赵紫阳	趙紫陽（元共産党総書記で天安門事件で失脚）	
鲍彤	鮑彤（天安門事件で逮捕された共産党中央委員）	
魏京生	民主活動家の名前	
王丹	民主活動家の名前	
大参考	反体制メディア	
博讯	反体制メディア	
华夏文摘	反体制メディア	
多维	反体制メディア	
纪元	反体制メディア	
自由亚洲	反体制メディア	
人民报	反体制メディア	
美国之音	反体制メディア	
法轮	法輪功の別名	
法伦	法輪功の別名	
民进党	民進党（台湾の政党）	
64屠城	6月4日の虐殺（天安門事件の別名）	中国政府として深い情報を知ってほしくない事件や政府高官にまつわる情報
八九民主	1989年の民主化（天安門事件の別名）	
陆四运动	6月4日の運動（天安門事件の別名）	
茉莉花革命	ジャスミン革命	
汕尾	暴動の起こった地名	
蚁力神	事件のあった企業名	
一塌糊涂	政府に閉鎖されたWEB掲示板の名前	

検閲対象ワード	日本語の意味	分類
藏区自焚	チベットでの焼身自殺	中国政府として深い情報を知ってほしくない事件や政府高官にまつわる情報
宣恩杀人	湖北省恩施市宣恩県で起きた警察官殺害事件	
盘锦开枪	遼寧省の村で警察が村人を射殺した事件	
和田暴乱	ホータン地区暴動	
中央领导内幕	中央政府の内幕	
北戴河内幕	北戴河（長老と政府高官が集まる会議）の内幕	
交易内幕	取引の内幕	
中俄边界	中ソ国境	
红色的法拉利	赤いフェラーリ（政府高官のスキャンダル）	
彭丽媛	習近平国家主席夫人の名前	

※上記は一部の抜粋です。また、禁止ワードは、時期によって変わる場合があります。

《中国政府が自国からの閲覧をブロックしている主要サイトの一覧（2016年9月現在）》

サイト名	ドメイン	カテゴリ
Wikipedia	wikipedia.org	百科事典
Google	google.com	検索エンジン
Facebook	facebook.com	SNS
YouTube	youtube.com	動画共有
Twitter	twitter.com	SNS
Blogspot	blogspot.com	ブログ
Instagram	instagram.com	SNS
GitHub	github.com	コード共有
Dailymotion	dailymotion.com	動画共有
ニューヨーク・タイムズ	nytimes.com	ニュースメディア
Dropbox	dropbox.com	ファイル共有
Vimeo	vimeo.com	動画共有
Archive.org	archive.org	ネットアーカイブ
XING	xing.com	SNS
ブルームバーグ	bloomberg.com	ニュースメディア
ル・モンド	lemonde.fr	ニュースメディア
ノルウェー放送	nrk.no	ニュースメディア
アムネスティ・インターナショナル	amnesty.org	人権NGO
国境なき記者団	rsf.org	記者団NGO
フリッカー	flickr.com	SNS
スライドシェア	slideshare.net	スライド共有
エコノミスト	economist.com	ニュースメディア
TIME	time.com	ニュースメディア
FC2	fc2.com	ブログ

※同じサイトでも言語や国ごとに違いが生じる場合があります。
※同じサイトでも、時にはブロックされたり解除されたりするケースがあります。
※ニュースメディアの場合は、特定の記事のみがブロックされるケースがあります。

アジア各国における特徴（まとめ）

　本章の最後に、日本と関わりが深いアジアの主要な国々について、インターネット利用における特徴をまとめておきたいと思います。

■韓国
- ネット回線の平均速度が世界でトップ（金大中政権時代にブロードバンドが世界で最も早く普及）
- 人口の90％がインターネットに接続
- 人口の76％がSNSを利用
- SNSのシェアトップはFacebook（2012年に国産のSNSであるCyworldを逆転）
- SNSユーザーのほぼ100％がモバイルから利用
- 検索エンジンのトップはNaverで7割以上のシェア（Googleがシェアトップを取っていない唯一のOECD加盟国）
- 検索エンジンを使ったキーワード広告（SEM）の効果が薄い
- ブログの影響力が大きい
- メッセージングアプリのシェアトップは国産のKakao Talk
- 相対的にグローバル系のwebサービスよりも国産のwebサービスが強い

■中国
- 世界最大のインターネット人口（6.88億人で国民の約半数）
- インターネット利用者の9割以上がSNSを利用
- アメリカ発のグローバルなwebサービスのほとんどをブロック
- 中国でトップシェアの検索エンジンはバイドゥ（百度）
- バイドゥでは百度地図などGoogleと同様のサービスを行なっている

- SNSユーザーのほとんどは、テンセントが運営するWeChat、もしくは、新浪公司の運営する新浪微博（シナウェイボー）を利用
- 中国でYouTubeを代替する動画サイトはYouku（优酷）
- 中国のBtoC市場は、アリババが運営するタオバオ（淘宝網）がトップシェアで利用者は4億人以上
- web上の書込みフォームなどはあまり利用せず、オンラインチャットや電話での連絡を好む

■台湾
- 人口の84％にあたる1970万人がインターネットに接続
- 人口の77％がSNSを利用（対人口比で世界トップクラス）
- アメリカ発のグローバルなwebサービスが高いシェア
- おもに利用されているポータルサイトがYahoo!で、チャットアプリとしてもLINEが高いシェアをもつなど日本と近い特徴をもつ

■タイ
- インターネット利用人口（3800万人）のほぼ100％がSNSを利用
- 携帯の回線契約数が全人口の122％（平均して1人1台以上の携帯端末を保有）
- ユーザー1人あたりの1日平均SNS利用時間が2.9時間（日本は0.3時間）
- 検索エンジンはGoogleが圧倒的で98％のシェア（2015年のデータ）
- 軽度のインターネット検閲が実施されている
- メッセージングアプリではLINEがトップシェア
- 全体的にアメリカ発のグローバルなwebサービスが普及している

■インドネシア
- インターネット人口は8800万人と多いが、全人口に対する普及率は

34％であまり高くない
- 島が多いという地理的な事情もあり、平均的なネット接続回線速度は東南アジアの中では遅い部類に属する
- インターネット人口の約9割がSNSを利用
- SNSユーザーの9割以上がFacebookを利用
- タイと同じく、ユーザー1人あたりの1日平均SNS利用時間が2.9時間と長い（日本は0.3時間）
- 携帯はブラックベリーの普及率が高く、メッセージングアプリはBBM（BlackBerry Messenger）が最も多く利用されている

■インド
- 全人口に占めるインターネット人口の割合はまだ28％（2016年1月のデータ。同じ調査で中国は49％）
- 携帯の回線契約数は全人口の77％
- 検索エンジンはGoogleのシェアが圧倒的で96％（2015年）
- Facebookの利用人口は1.95億人でアメリカを抜いて世界最大
- メッセージングアプリはWhatsAppのシェアが高い

　同じアジアの近隣諸国でも、相当な違いがあります。こうした特徴も念頭に置いて、情報発信に努めてください。

4章

効果的な運用とプロモーションのために

multilingual web site

1 「運用フェーズ」で成果を上げるために

　2章ではwebサイト製作のフローを掲げましたが、ひとまずサイトが完成し公開されると、その後は「運用フェーズ」に入っていきます。
　webサイトというものは「つくって終わり」という一過性のものではなく、運用して情報を更新していくプロセスが非常に重要です。これは、国内向けであっても海外向けであっても同じです。また、webサイトは、オープンしたからすぐに反応が得られるものではなく、長期的にビジネス機会を増やしていくものとしてとらえてください。

▶▶▶ 海外取引担当者は必ず置こう

　webサイトを足掛かりにした海外取引を始める際、決めておきたいのはその担当者です。ただ、まだ先行きの見えない事業に専任の担当者を置くことは、企業にとってなかなか負担が大きいと思います。ですから、はじめのうちは事業開発部門や広報部門の中から、中小企業であれば、社長や後継予定者などの兼務でかまいません。ただ、webサイトに掲載する情報全般に通じていて、この業務に熱意をもって取り組めることが担当者の条件になるでしょう。

　そして、**いったん担当者を決めたらなるべく変えないこと**です。なぜかというと、担当者が代わってしまうと実務的なノウハウや知識がうまく引き継がれず、それが蓄積していかないからです。たとえば、ちょっとした検索キーワードのノウハウなども、担当者が代わってし

まうとゼロに戻ってしまうおそれがあるのです。

　反対に、担当者が興味をもって積極的に取り組んでいくと、改善の積み重ねで必ず結果が伴ってきます。ノウハウも蓄積していきます。海外向けの仕事は得てして属人的なものであり、**現場の担当者がどれくらいのコミットメントをもって熱心に取り組むかということに、その成否がかかっている**といえるのです。

　ここで注意していただきたいのは、海外取引のために外国語のwebサイトを立ち上げるのだから、語学力がある人、ネットやプログラミングの知識が豊富な人を選ばなければならないと考えてしまいがちなことです。もちろん、外国語に堪能でITリテラシーが高い人材であるに越したことはありません。しかし、**この仕事に最も求められるものは、語学力ではなくコミュニケーション能力**です。

　ネットを通じて海外とやりとりをするにあたっては、社内においてさまざまな部門とのコミュニケーションや調整能力が必要となります。たとえば、顧客から何かリクエストがあったら、それを必要な部門に伝えて、そのセクションの担当者に動いてもらったり、問い合わせに答えるために関連部署にヒアリングをしたりといった、社内での調整力が大きなカギになります。

　そしてもう1つ、**自社のことをよく知っているということ**も、海外取引担当者に求められる能力です。自社の製品やサービスについて熟知していることはもちろん、経営者的な視点で会社全体について目配りができる人であることが好ましいでしょう。

　実際の企業に目を向けてみると、二代目あるいは三代目の経営者が、

先代はITが苦手だからと、webサイトやSNSを使ったマーケティングを率先して担当しているケースが少なくありません。旧来からの取引は先代に任せて、新しい市場の開拓やマーケティング展開については若い後継者がITを積極的に活用して行なっているパターンです。

中小企業においては、会社全体に目配りができるほど優秀で、語学にも堪能という人材となると、こうした後継者のような立場の人に自ずと限られてきます。その多くは将来に備えて勉強していますし、会社経営や仕事に対する真剣味も違います。ですから、後継者の目算が立っているのであれば、海外取引担当者は次代の経営者に任せるのがよいと思います。

▶▶▶ webサイトは人工の「漁礁」である

webサイトをつくるということは、いわば**インターネットという広大な海に人工の「漁礁」をつくる**ということです。漁礁を一個つくって沈めておくと、沈めたものに少しずつ情報がついてきて、そこに「魚」が集まってきます。集まってきたら、新しい生態系（≒ビジネスコミュニティ）ができていく、というイメージです。

すぐれたサイトができあがったとしても、結果が出るまでには時間がかかります。**ニッチで硬質な情報であればあるほど、まずは見つけてもらうことが大事**です。少しずつ漁礁にプランクトンがついてきて、それをめざして魚が集まってくるように、サイトの情報がいろいろなところにシェアされたりリンクを張られたりして、だんだん取引先が集まっていく構造とお考えください。

とかくせっかちな人は、せっかく漁礁をつくっても全然メンテナン

図表4-1　webサイトは人工の漁礁

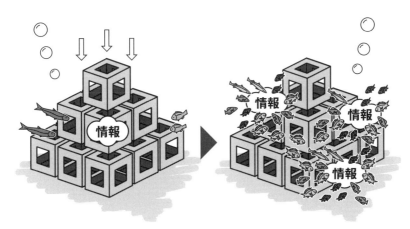

人工漁礁を沈めると……　　新しい生態系ができていく

ス（情報の刷新・更新）をしないで、ほかのことをしてしまいがちです。時間が経って人が集まりだしているのに放っておいて、いつしか古い情報ばかりになっていて全然役に立たず、見てもらえないということになってしまいます。本来、適度に情報更新をしながら置いておけば、集客力があるものに変わっていくのですが、情報を更新しなければ、それは水泡に帰してしまいます。

　このように、webサイトをつくるということは、こちらから魚を網でつかまえようとするのではなく、**漁礁をつくって狙った魚に集まってきてもらうという、やや気長に構えるやり方**といえるでしょう。
　では、この漁礁のメンテナンスとして、具体的には何をすればいいのでしょうか。まず、当たり前のことですが、**情報に変更があれば常に更新すること**です。実際、日本語のページは更新しても、英語のページを更新していない企業がかなり見受けられます。たとえば「What's new」のところを半年以上も変えていないと、このサイトの情報は全

部古いと思われてしまいます。

　なお、これは2章でも述べましたが、webサイトをつくる際には、**運用するための予算を必ずとっておくこと**が大切です。実際、イニシャルコストしか考えず、webサイトの制作予算しかとっていない企業が多く見受けられます。当然のことながら、実際に結果を出すのは運用フェーズに入ってから。そこでのコストを無視するわけにはいきません。

運用担当者がすべきこと

　すでに述べたとおり、webサイトを適切に運用していくためには、誰がメンテナンスするのか曖昧にせず、まず1人、確実にその内容を把握している担当者を立てておく必要があります。兼務でもかまいませんが、基本的に、会社全体のビジネスがわかっている人、つまり経営に直結した立場にいる人が望ましいでしょう。

　担当者は、サイト内にどういう情報があるか、どんなところから問い合わせがあるのかという傾向を必ず把握して、常にwebサイトの更新等を行なう制作会社と情報共有をしておきます。毎日サイトをチェックする必要はありませんが、担当者は、自分たちがこういう情報を出したから、こういうレスポンスがあるという因果関係がわかるようにしておきます。

　これもすでに触れましたが、担当者をなるべく変えないということも重要です。SNSにしても、**しばらく運用していると、こちらがどういったアクションを起こすとどのようなレスポンスが返ってくるかという因果関係が、だんだんわかってくる**ものです。サイトの情報を更

新しながら長く運用していくことによって、サイトを訪れる人の傾向や行動様式などが引き合いの内容やアクセスログから読み取れるようになってくるのです。ここが非常に重要なポイントであり、そうなればいろいろな手が打ちやすくなり、自分たちが伝えたい相手先にどんな情報を出せば響くかということもわかってきます。

そういった反応が得られるようになるまでには、先述した「漁礁」を絶えずウォッチしておくことが必要です。そして、アクションを起こした後に返ってくる反応で、どういう種類の魚が棲んでいるのかがわかってくるのです。

正しい運用の蓄積で加速度的に成果が上がる

アクセスログの解析等については、1週間に1回、あるいは月に1回でもまったく問題はありません。しばらく変化がなかったりすると、「情報の出し方が悪いのではないか」と考えがちですが、ターゲットとする人たちがまだ集まっていない可能性もあるため、漁礁が形成されるまでは少し我慢してみることも考えましょう。

活発化するまで最低半年、通常2、3年は情報発信を続けないといけません。これは経験値ですが、2、3年続けると必ずターゲットが見えるポイントに到達するものです。

1つの傾向として、webサイトをつくったら、すぐにわっとお客さんが来るだろうと考える人は多いようで、それで失敗するケースも多く見られます。端的に言って、サイトができたところで満足してしまい、運用をおろそかにしたからにほかなりません。**成功している企業には例外なく運用の蓄積があって、加速度がついていく**という側面があります。つまり、運用している間に市場やお客様の反応を読む力が

ついてくるというわけです。

　最初に自社の強みの洗い出しがしっかりできてさえいれば、サイト構築そのものに失敗することはあまりないでしょう。とにかく情報を出し続けることです。出し続けても、最初のうちにいいレスポンスがあるかどうかはわかりませんが、そこは確信をもってやり続けるのです。出す情報のポイントが間違っていないかぎり、結果が出ないということはありません。

　以下は私の仮説ですが、そうしているうちに**情報の流通経路のようなものができていきます**。「漁礁」に新しい生態系ができるのです。そうなればしめたものです。最初にその情報を見つけるのは、ほんの1人かもしれません。その1人に「自分たちの業界と関係のある、面白いことをやっている会社がある」と認識してもらうことで、その人が源流となり、いろいろなルートで情報が流れていく。そんな人たちが増えていくことで、自社を中心とする情報の流通経路がいくつもできていく。そんなイメージです。

▶▶▶ 取引に商社を介するメリットとデメリット

　中小企業が初めて海外に販路を展開しようとする場合、商社を介在させて販路開拓を行なうケースと、自社が直接取引に取り組むケースに大別できます。

　総合商社は世界中に拠点を置き、その国や地域のさまざまな情報を蓄積しており、国内市場しか知らない企業にとっては頼りがいのある存在といえるでしょう。ただし、長期的に見れば、商社に全面的に依存することのデメリットも考えられます。それは、**商社が介在するこ**

とによって、**顧客の要望をダイレクトにつかむことができないおそれがある**ということです。

　商社が製品を売り込んでも成約に至らなかった場合、製品そのものがもともと相手のニーズに合わなかったという理由ならしかたありません。ところが、ちょっと調整すれば相手のニーズにフィットして使ってもらえたのに、その部分の意思疎通がうまくいかず、別のメーカーの製品が選ばれてしまうケースも少なからずあるはずです。商社経由の場合、往々にしてそうした部分のやりとりが、情報としてメーカー側に伝わってこなかったりします。

　これはコミュニケーションの問題であって、商社が間に入るから情報が伝わってこないとは一概にはいえませんし、前述のように商社を介在させるメリットももちろんあります。ただし、この問題はビジネスモデルを構築していくうえで大きな要素といえるでしょう。

　BtoB取引の場合、顧客の要望や意見を直接聞くことによって、製品の改良につなげたり、最終クライアントのニーズに合わせた微調整をすることができます。実は、そういう細かなコミュニケーションが、とくにメーカーにとっては非常に重要であり、やはり専門的な知識がないとその部分をまっとうできないことが多いのです。

　ことに、日本の企業が海外にアピールすべきなのは汎用品ではなく、技術的に高度で、特殊な用途のもの、専門性の高いものです。そうした製品についてきちんと説明できるのは、メーカーの技術者以外にいないのではないでしょうか。

2 海外からの引き合いへの対応

multilingual web site

　当社が大阪の中小製造業200社を束ねるBtoBのポータルサイトを運営していた2003年〜2009年頃、私自身、webサイトを通じて海外から届く引き合い（のべ数千件以上）に直接目を通してきました。その中で、実際にどのようなことが起こるのかを体験してきました。ここでは、その内容を中心に解説したいと思います。

▶▶▶ 情報を発信すれば情報が集まる

　自社製品やサービスの、世界での立ち位置を知ることの重要性については、すでに述べました。自社の情報を世界に発信すると、同じ業界でビジネスを行なう他社の情報がもたらされ、結果的に自社を客観視する材料が集まるというメリットがあります。

　これは実際にやってみてわかったことですが、**自社が適切に情報を発信すると外国企業からの売り込みも来る**ようになります。たとえば、日本のポンプ製造メーカーが英語で情報を出すとしましょう。すると、同じように海外でポンプを輸出している中国の会社から、「当社は人件費も材料費も安く、非常に安くポンプをつくれます。でも、御社のもっている○○の技術はないため、その部分だけコラボレーションできませんか」とか、「当社は御社の汎用品をこれくらいの価格でつくれますので、当社の製品を輸入していただき、日本国内のマーケットで売ってもらえませんか」といった売り込みが入ってくるのです。

また、ときには、自社製品の性能を高められる可能性をもった特殊な塗料を開発した海外メーカーが売り込みをかけてきたりします。私は当初、自社が売り込むために情報を発信するのだから、外国企業からの売り込み情報は不要と考えていました。しかし、実際にビジネスを進めてみると、こうした形で入ってくる相手からの売り込みは非常に貴重なものであることがわかりました。

　そうした情報を通じて、どの国でどんな製品が生産されて、どのような経路をたどってエンドユーザーに提供されているのか、それは自社にどのような影響を及ぼすのか、ということまでが見えてくる場合もあります。つまり、**自分たちの競争力の源泉がどこにあって、将来、どういう方向に進んだらいいのかという判断を下すための重要なヒントが得られる**のです。
　そういう意味からも、後継者や次世代のエースと目される社員が海外取引担当者を務めることには、大きな意義があるといえるでしょう。

　一方で、上記のようなダイレクトなレスポンスが、新たな製品開発のヒントになったり、働く人のモチベーションアップにつながるケースも少なくありません。
　5章で事例として紹介するレコード針メーカーの日本精機宝石工業には、「御社の製品を使ってよかった」「音がすばらしかった」というような世界中のユーザーからの声が、直接、webサイトを経由して届いています。同社は、兵庫県内でも自然が豊かで、そのぶん交通面ではやや不便な地域に工場を構えています。そうした場所でも「世界を相手に商売しているんだ！」という意識が社員の間に醸成され、現場のモチベーションが高まることは大きなメリットといえるでしょう。

　なお、海外から届くレスポンス等については、自社のビジネスにメ

リットがないと判断する場合は、逐一、反応する必要はありません。ただ、こうした情報によって、**世界のマーケットで他社がどのような動きをしているか、また、自社のどの点が評価されていて、どの部分が劣っているのかという「立ち位置」がわかってきます。**それは、他社との戦い方や協力のしかたをグローバルな視点で見極め、次の一歩をどちらに進めるかを考えるうえで、重要な判断基準になります。

メールは「丁寧な返事」より「迅速な返事」を

　自社の外国語webサイトを開設して、引き合いのメールが海外から入った際、どのようなことに留意すべきでしょうか。まず**大事なのは、クイックレスポンスを心がけること**です。英語のメールが来ると、慎重になりすぎて、返信するまでに1週間以上もかけてしまうケースがよく見受けられます。

　問い合わせた側の立場になって考えればわかると思いますが、これは相手を不安にさせたり、無視されたと受け取られるおそれがあります。最初から詳細な内容のメールを返信する必要はありません。**短い文章でかまわないので、受け取ってから24時間以内に、遅くとも48時間以内に返信する**クセをつけてください。

　たとえば、まず問い合わせのメールを確かに受け取った旨の内容を送信し、その回答に時間がかかりそうなのであれば、内容を検討したうえで後日改めてメールすると伝えるのです。そうすれば、相手を不安にさせることはありませんし、きちんとした会社であると印象づけることができるでしょう。当たり前のことかもしれませんが、こうしたことから、信頼関係はつくられていくのです。

引き合いメールの信用度を判断する

海外から届いた引き合いメールに対して、先方企業の信頼度を判定するポイントはいくつかありますが、その最も明確な判断基準は返信先に指定されているメールアドレスのアットマーク "@" 以下、いわゆるドメイン名です。

2016年現在、一定規模以上の企業はほとんど自社のドメインをもっていますので、そのメールのドメイン部分がいわゆる企業ドメインであれば、その会社の社員、もしくは企業オーナーであるとほぼ信じることができます。

ドメイン名の偽装がまったく不可能なわけではありませんが、こちらから送られたメールがそのドメイン宛のメールアドレスに届けば、少なくともそのメールは、そのドメイン保有者の管理権限内に属していると考えてよいでしょう。こういった企業ドメインは、国ごとに違いがありますが、例を挙げると以下のようになります。

- xxxxxx.co.kr —— 韓国の企業ドメイン
- xxxxx.com.cn —— 中国の企業ドメイン
- xxxxx.com.tw —— 台湾の企業ドメイン
- xxxxx.co.in —— インドの企業ドメイン
- xxxxx.com —— アメリカほか、世界中の企業が使うドメイン

最も単純な確認方法としては、メールアドレスの「@」以下をコピーして、ブラウザのアドレスバーの「www.」の後にペーストし、その企業のホームページが表示されるかどうかを試していただくとよいでしょう。

また、引き合いメールが企業ドメインを利用していない場合でも、日本国内の「nifty.com」などのように、プロバイダーのドメインを利用しているケースもあると思います。そのような場合でも、そのドメインのホームページを表示して、一般的な有償の現地プロバイダーかどうかをチェックすれば、そのメールの所有者の信用度を判断する１つの指標になるでしょう。

　そして、海外から届くメールのアドレスとして最も信用度の低いドメインは、無料で不特定多数が利用できるもので、「yahoo.com」や「hotmail.com」などの他に、インドでよく利用されている「rediffmail.com」などがあります。また、同じフリーメールであっても、「gmail.com」はスパム的に使われている率はそれほど高くありません。これは、Googleが一定の基準を設けて管理しているためと思われます。

　その他、対企業間（BtoB）で届く引き合いメールの信頼度を判定する場合は、そのメールが自社を選定して送られているものかどうかで判断します。たとえば、以下のような内容のメールの場合はどうでしょうか。

> I'm very interested in purchasing your products. Please send your information in details. Thank you.
>
> 【訳】貴社の製品にとても興味をもっています。製品に関する詳細を送ってください。

　これだと、宛先さえ変更すれば、数十・数百の企業に同じ内容の文面で送り付けることができます。いわゆるスパムメールです。こういったメールに関わりあうと、無駄な労力を使うだけで、実際のビジネスに発展することはほとんどありません。また、そのことによって、

自社にとって本当に大事なクライアントになるべき引き合いメールを見過ごしてしまうことにもなりかねませんので、上記のようなメールは無視してください。

本当に自社製品に興味をもって、取引を希望している企業ならば、webサイトで製品情報をしっかり確認した後に問い合わせを送ってきますから、その内容についても具体的です。たとえば、食品加工機を製造しているメーカーに届く引き合いメールであれば、下記のようなものになるでしょう。

> Our company, Xxxx Salmon Canning Co., Ltd., has been engaging this business in Chile for more than 15 years. And, we plan to set up another new factory in March next year. Then, we try to find a machine which can slice salmons to pieces in exact specified weight. We come to know, on your website, that your food processing machine can handle such task. Can you quote the product by CIF Iquique? Thank you.
>
> 【訳】私たちの会社は、チリにあるXxxx鮭缶詰製造会社といい、15年以上この業界でビジネスをしています。来年の3月にもう1つの工場を新設することになり、そこで使用する、鮭を決まった重さにスライスできる機械を探していました。貴社のウェブサイトで見ましたが、貴社の機械はそれが可能なようですね。同機械をイキケ港までの運賃保険料込みの金額で見積もっていただけないでしょうか？

上記のようなメールが、先方が書いているとおりの企業情報を掲載しているホームページのドメイン（@以下）をもつメールアドレスで届いたならば、かなり信頼度の高い内容の引き合いだといえるでしょう。

なぜなら、詐欺等をはたらく人々も費用対効果を考えるので、相当な金額や製品を騙し取るのでなければ、それほど多大な労力とコスト

をかけようとはしません。つまり、先方のwebサイト等を見て、そこにどれぐらいの費用が投じられているかで企業の信用度を判断するのも、ある意味で合理的な方法といえるでしょう。

　最後に、先方が中小企業などでまだ自社のwebサイトをもっていなかったり、企業ドメイン以外のメールアドレスを使っている場合は、先方の企業が本当にその国に存在するのかがわからない場合があります。

　その際に便利なのが、世界的な信用調査会社 Dun & Bradstreetが運営するサイト（http://www.dnb.com/）で、ここで国名と企業名を指定して検索すれば、その会社の企業登録の有無を調べることができます。Dan & Bradstreetは、日本での帝国データバンクのような会社で、世界中のほとんどの会社にDUNS Number（ダンズナンバー）という企業コードを振っています（注・Dun & Bradstreetは日本では東京商工リサーチと提携しています）。

　上記のサイトでは、日本の同種サイトのように企業の財務データなどを購入することもできるのですが、その企業が存在するかどうかの検索は無料でも可能ですので、試してみることをお勧めします。

▶▶▶ 興味のもてないメールはスルーしてよい

　日本の常識と世界の常識で異なることの1つに、興味のないメールに返事を返すか返さないかということがあります。実は、**グローバルスタンダードな考え方では、興味のない取引メールには返事を出さない**というのが一般的です。一方、日本では、断わりでも何でも、とりあえず返事を出すのがふつうです。

　逆に多くの国では、返事を出さないということは、その問題に興味

がないということとほぼイコールなので、レスポンスが遅いと興味を
もっていないと受け取られるのです。

　日本人はどんな問い合わせに対しても、きちんと答えなければいけ
ないと思ってしまうようで、そのぶんレスポンスが遅れたり、余計な
仕事を増やしてしまう傾向があります。的外れな問い合わせが来た場
合は、あえて返事をする必要はないのですから、割り切ってスルーす
ることです。

　そして、取引につなげたい問い合わせが入ったら、繰り返しますが、
内容は短くていいから、とにかく早く返信することを意識してくださ
い。たとえば、その問題に返答するにはこのくらい時間がかかります
という、時間的な目安だけでも、先に伝えるだけで印象はだいぶ違い
ます。これは仕組み化しておくとよいと思います。
　具体的には、返信メールの雛型を用意しておきます。あらかじめパ
ターンに応じた雛型をいくつかつくっておいて、そのどれかをアレン
ジして24時間以内に返信するのです。そうしておくことでかなり負担
は軽減されますし、対応のスピードも上がるでしょう。

multilingual web site

3 海外への配送・輸出に関する留意点

　海外向けのネット通販における物流面での注意事項については、2章でも少しだけ触れました。一般的に、日本国内の郵便や宅配便のスピードと正確性については世界でトップクラスといっても差し支えないでしょう。しかし、海外に製品を配送する場合、国内とは大きく事情が異なります。その際、とくに注意すべきいくつかのポイントについてまとめておきます。

▶▶▶ 各国の輸入規制と日本からの輸出規制

　世界中の国々では、国際間の協定や各国の事情によってそれぞれに輸入禁止品目が存在します。たとえば、ワシントン条約によって規制されている絶滅危惧種や、生態系を壊す恐れのある動植物、宗教上好ましくないとされる食品や国内産業を守るための中古自動車などです。
　こういった輸入規制については、各国ごとに異なっているため、ワンストップでチェックする方法があまりありません。まずは、自社が輸出したい製品とおもなターゲットとなる国を絞ったうえで、本項の最後に記載した国際配送のプロバイダーに相談してみてください。もしくは、日本の行政機関として最も多くの関連情報をもっている、JETRO（日本貿易振興機構）に相談するのもよいでしょう。
・JETRO【https://www.jetro.go.jp】

　受入相手国がOKであっても、日本からの輸出が許されていないも

のもあります。著作権侵害のコピー商品はもちろんですが、正当な製品を扱う日本のメーカーも注意すべき法令として、軍事転用可能な製品や技術が望ましくない相手に渡ることを防ぐことを目的とした経済産業省の安全保障貿易管理令があります。
- 安全保障貿易管理令【http://www.meti.go.jp/policy/anpo/】

とくに精密機械や最先端の技術を用いた製品は、そのメーカーが意図しない形で軍事方面に利用されるケースもあります。メーカー側が事前にその内容を察知するのは難しい場合もありますが、**海外へ製品を輸出する場合、その最終ユーザーが誰になるのかについては、しっかりと確認しておく必要があります。**

最適なプロバイダーを活用する

日本から海外への国際配送については、仕向国や製品の種類、重量などによって、どのプロバイダーが最適かは異なります。また、近年の新たな動きもあって状況は可変ですので、以下に主要なサービスプロバイダーの名前とURLをリストアップしました。ご参照ください。
- 郵便局（国際郵便）【https://www.post.japanpost.jp/int/】
- ヤマト運輸（国際宅急便）
  【http://www.kuronekoyamato.co.jp/kokusaitakkyubin/kokusaitakkyubin_b.html】
- 佐川急便（飛脚国際宅配便）
  【http://www.sagawa-exp.co.jp/service/h-kokusai/】
- FedEx【http://www.fedex.com/jp/】
- DHL【http://www.dhl.co.jp/ja.html】

検索エンジンを使った マーケティング

一般ユーザーの間でSNSが大きな影響力をもってきた今日においても、検索エンジンを使ったマーケティングは、BtoB取引では最も主流となる手法です。

一般的に使われる検索エンジンマーケティング（SEM）という用語には、①キーワードの最適化によって検索エンジンで上位表示を目指すSEO（Search Engine Optimization）と、②検索キーワードによって広告を表示させる検索エンジン連動型広告の2つの意味が含まれています。

また、そのほかにも、検索エンジンからの誘導ページをつくり込んでコンバージョンを上げるためのランディングページ最適化などが含まれる場合もあります。

▶▶▶ SEOとキーワード広告で補完関係をつくる

SEOは、2章でくわしく述べたとおり、webサイト制作時におけるページタイトルの付け方やフォルダ構成によって特定のキーワードで検索エンジンの上位表示実現を目指す手法です。

この手法の利点は、その検索結果からどれほどユーザーを獲得しても、その都度費用が発生しないことです。マイナス要素は、実際に特定のキーワードで上位表示されるかどうかは確実でないという点と、特定のキーワードに絞り込むため、幅広いキーワードを対象にできな

いという2点です。

　逆に、検索エンジン連動型広告は、費用さえ出せば自分が意図する幅広いキーワードで検索エンジンでの上位表示をさせることができます。しかし、あくまで「広告」であるため、ユーザーからは意識的にクリックされないケースもあるうえに、クリックされるとその都度費用が発生します。
　そして、他社と競合するような人気キーワードであればあるほどクリック単価が上がるので、その運用方法によっては非常に高いコストが発生します。

　そこで、最も実用的な検索エンジンマーケティングの運用としては、**SEOとキーワード広告を相互補完的に活用し、SEOでカバーできない類義語のキーワードのみを広告として購入し、自社製品やサービスに関連するキーワード全体をカバーする**というものです。

　検索エンジン連動型広告の具体的な手法については、国内でも多くの本が出されていますので、参考にされるとよいでしょう。また、Googleを使用する場合には、国内向けでも海外向けでも、利用方法についての大きな違いはありません。

　ただし、購入するキーワードを選ぶ場合、意識しておかないといけないのは、同じ製品やサービスをプロモーションしたい競合は、国内だけではなく全世界にあるということです。
　つまり、国内では競合の数が限られていても、世界全体で見た場合に競合が多く利用するキーワードは、そのぶん、競争によって値段が大きく跳ね上がります。

しかし、そもそも世界を相手にプロモーションを行なう製品やサービスについては、外国語サイトを制作する時点で、ある程度ターゲットが絞り込まれていることが前提だと思いますので、サイト制作とセットで戦略を立てることをお勧めします。

各国における検索エンジン市場

一般的に検索エンジンといえば、「ググる」という動詞にも（英語においても）なっているGoogleが世界的に有名ですが、一部の国では、Google以外の検索エンジンがおもに利用されています。次ページの**図表4-2**は、世界の主要な国ごとに、どの検索エンジンが最も利用されているかを、SNSやメッセンジャーのシェアとともに表わしたものです。

見ていただくとわかるとおり、ほとんどの国ではGoogleが80％以上のシェアをもっています。しかし、Google以外で国単位で高いシェアをもっている検索エンジンも存在します。

数は限られていますが、単一市場としては大きく、中国での百度（バイドゥ）、ロシア（および旧ソ連圏諸国の一部）でのYandex（ヤンデックス）、そして韓国でのNaver（ネイバー）がそれにあたります。それぞれが国産の検索エンジンです。かいつまんで特徴を記載しておきます。

まず、百度です。中国本土でPCから利用される検索エンジンとしては、ほぼ独占的なシェアをもっています。中国についてはGoogleの利用が制限されているという特殊な事情もあり、Googleと類似する地図サービスや検索連動型広告も百度から提供されています。

百度が検索表示順位を決めるアルゴリズムは、Googleと基本的には

図表4-2 各国におけるトップシェアの検索エンジン、SNS、メッセンジャーアプリ

地域	検索エンジン	(シェア)	SNS	メッセンジャー
アメリカ	Google	72%	Facebook	FB Messenger
中国	百度（バイドゥ）	55%	Qzone	WeChat
日本	Google	97%	Facebook	LINE
韓国	Naver	77%	Facebook	KakaoTalk
台湾	Google	83%	Facebook	LINE
香港	Google	73%	Facebook	WhatsApp
オーストラリア	Google	94%	Facebook	FB Messenger
バングラデシュ	Google	94%	Facebook	FB Messanger
ブラジル	Google	95%	Facebook	WhatsApp
カナダ	Google	87%	Facebook	FB Messenger
エジプト	Google	97%	Facebook	WhatsApp
フランス	Google	92%	Facebook	FB Messenger
ドイツ	Google	94%	Facebook	WhatsApp
インド	Google	96%	Facebook	WhatsApp
インドネシア	Google	96%	Facebook	BBM
イラン	Google	91%	Cloob	Telegram
マレーシア	Google	93%	Facebook	WhatsApp
メキシコ	Google	94%	Facebook	FB Messenger
ミャンマー	Google	95%	Facebook	Viber
パキスタン	Google	90%	Facebook	WhatsApp
フィリピン	Google	89%	Facebook	FB Messenger
ロシア	Yandex	58%	VK	Odnoklassniki
サウジアラビア	Google	94%	Facebook	WhatsApp
シンガポール	Google	92%	Facebook	WhatsApp
スペイン	Google	95%	Facebook	WhatsApp
スイス	Google	95%	Facebook	WhatsApp
タイ	Google	98%	Facebook	Line
トルコ	Google	96%	Facebook	WhatsApp
イギリス	Google	90%	Facebook	FB Messenger
ベトナム	Google	92%	Facebook	Zalo

出典：We are social, StatCounter, SimilarWeb, Return On Now

同じですが、サイトをホスティングするサーバーが中国国内にある（ICPライセンスを取っている）かどうかも影響を与えるといわれています。

　検索連動広告の単価は、日本や欧米でGoogleのキーワード広告を購入する場合とあまり変わりません。web系のサービスでは、とくに日本から利用する場合、特定の広告仲介業者を経由しないといけないこともあって、中国全体の物価水準と比較すると少し割高と感じるかもしれません。

　ロシアおよび旧ソ連圏でシェアの高いYandexについても、検索連動型の広告などを含め、ほぼGoogleと同様のサービスを提供しています。　しかし、Yandexを対象に検索エンジンマーケティングを考える場合は、基本的にロシア語での対策になるので、日本国内からの利用実績はかなり限られています。

　韓国のNaverについては、SEMの対策が難しい検索エンジンとして知られています。その理由は、Naver自身が提供している各種サービスのコンテンツが上記を占めることが多いため、SEO、検索連動型広告ともに、高いコストパフォーマンスを出すことが難しくなっています。

ドメインの信用度が検索エンジンに与える影響

　ドメイン名の選択がSEOに大きな影響を及ぼすことは、すでに2章で述べました。一方で、同じドメイン名であっても、その**ドメインがどれくらいの期間「正当に」利用されているかも、検索エンジンの表示順位に影響を与えます。**

これは人の信用度合いが上がっていくのと似たプロセスで、一定期間以上、連続性のあるテーマについて、情報を発信し続けているドメインには、SEO上のメリットが働くのです。
　このことは、先に挙げたように、webサイトを漁礁にたとえるならば、プランクトンが多く付いてきたサイトは、上位に表示されやすくなるともいえるでしょう。

スマートフォンへの対応が必須の時代へ

　最後に、検索エンジンの順位を左右するアルゴリズムとして指摘しておきたいのが、最近新しく登場してきた「モバイルフレンドリー」です。
　GoogleやYandexも公式に発表していますが、webページの構成が、PCだけでなくスマートフォン表示でも見やすくなっているほうが、検索エンジンの上位表示に有利に働くようになっています。
　次ページ以降で、SNSを使ったマーケティングについて述べていますが、まさにSNSの時代であるいま、スマートフォンへの対応は必須です。webサイトを構築する際には、ぜひ念頭に置いていただきたいと思います。

multilingual web site

5 SNSを使った マーケティング

　SNSは、スマートフォンとの相性が抜群で、その世界的な普及と歩を合わせるように市場を拡大してきました。SNSの利用者層は、インターネット全体で見ると、比較的若年層のシェアが高いという特徴があります。

　SNSを利用したマーケティング全般については、すでに多くの本も出版されていますので、この本ではあまり多くを取り上げません。また、世界各国におけるSNSの利用特性は3章でも部分的に取り上げましたので、本章の図表4-2と併せて参照していただければと思います。

▶▶▶ 多言語でSNSを活用する際の注意点

　ここでは、日本語以外の言語で、SNSを活用する場合の注意点をいくつか挙げておきます。

　まず最初に、自社サイト内で複数言語のコンテンツを管理している場合、たとえばFacebookでも、言語の数だけ別の情報ページをもっているほうがよいでしょう。つまり、自社サイトの更新情報を告知するのであれば、英語情報についてはFacebookの英語版で、日本語情報についてはFacebookの日本語版で告知をすべきという意味です。

　人は、自分に関係しない情報を受け取ることを本能的に嫌う傾向があります。そのページを訪れる人にとって不要な、雑多な情報はでき

るかぎり消しておきましょう。

　そうして、本当に伝えたい情報だけを伝えるようにしないと、童話の「オオカミが来るぞ」と叫んでいた少年のように、本当は必要とされるはずの情報がたまに流れたとしても見てもらえなくなります。その意味で、もしFacebookを運用するのであれば、**言語ごとにページを分けたほうがよい**でしょう。

　もう1つの注意点として、自社サイトの中にFacebookなどのプラグインを組み込む場合、中国語の自社サイトでは利用しないようにしてください。これは、3章で説明した中国政府の**グレートファイアウォール**に、**Facebookなど世界シェアの高いSNSがブロックされている**ためです。もし、それを意識せずに自社の中国語サイトにプラグインを埋め込むと、そこで中国本土からのページ読み込みがストップして、ページ全体が表示されなくなるリスクがあります。

広告でも期待されるFacebook

　FacebookなどSNSのユーザーは、当初、その50％以上が10代～20代前半の若者で占められていました。つまり、企業の中で意思決定権をもっている人たちは、まだあまりSNSを使っていなかったのです。

　旅行関係のBtoCプロモーションなどは別ですが、企業としてBtoBビジネスにおける情報発信には、世間で話題にされるほどには、SNSは活用されていませんでした。

　ところが、その後、Facebook等を中心にユーザーの年齢構成が中高年に波及し、企業のビジネスへの活用も増加してきました。それに伴い、今後は企業や団体向けのFacebookページだけでなく、Facebook広告の有効性も高まってくることでしょう。

Googleが検索結果に基づいて広告を出すのに対して、Facebookの広告は対象を特定できることが1つの強みになっています。
　たとえば、「カナダに住んでいる40代以上の経営者」「シンガポールに住んでおり、自動車に興味をもつ30代～50代の男性」というように、職業、興味、世代といったカテゴリーを指定して広告を出せる、つまり対象をセグメント化して広告を出せるわけです。
　しかも、（Googleも同様ですが）1か月数千円からでも始められます。もし海外でテレビCMを打とうとしたら、最低、数百万円単位の予算がないとスタートできません。それが、少額の予算からでも海外向け広告がスタートできるというのがオンラインメディアの大きな特徴です。

　これまでは大きな資本がないと海外のマーケットにリーチすることができませんでしたが、webサイトやSNSをうまく活用することで、少額の資本でも世界中にリーチできるようになりました。だからこそ、中小企業であっても、ニッチな部分で世界シェアをとることが以前よりもずっと現実的になったのです。

multilingual web site

6 外部サイトを利用したマーケティング

　外国語webサイトを公開した後、そのサイトへの流入を増やすには、検索エンジンやSNSのほかに、業界のポータルサイトやプレスリリースの配信サイトを利用する方法があります。

　こういった外部サイトの利用には、一般的に費用がかかりますが、中には無料で基本情報のみ登録できるものもありますので、ご紹介しておきます。

▶▶▶ 製造業関連のサイト

　貴社が製造業の場合、海外での新たな取引先開拓（BtoB）を行なう際に利用可能なサイトをリストアップしてみました。

①**Alibaba**【https://www.alibaba.com/】
　中国のアリババグループが運営しているBtoBサイトで、世界的には最も知名度が高いサイトの1つです。サプライヤーとして登録しているのはほとんど中国企業ですので、日本企業としてはおもに仕入れ情報を得る目的で利用する場合が多いでしょう。過去にはトラブルが多く報告されていましたが、サイト運営側も豊富な資金をベースにさまざまな改善を行なっているようです。

②**Thomas**【http://www.thomasnet.com/】
　もともとはアメリカで発刊されていた商工名鑑がインターネットに対応したもので、同国の製造業が多く登録されています。

③GlobalSpec【http://www.globalspec.com/】

　元GEのエンジニアがインターネット時代に即した技術者向けのサプライヤー情報データベースとしてスタートさせたサイトで、製品や技術分類も細かく、おもに先進国のユーザーにフォーカスされています。

④iPROS【https://www.ipros.jp/】

　もともと日本国内のBtoBサイトでしたが、近年、アジア各国への展開を進めていて、日本企業の情報をアジア各国の言語でプロモーションできるプラットフォームを提供しています。

⑤KOMPASS【www.kompass.com/】

　スイスが発祥で、過去70年にわたって世界中の企業ディレクトリーを提供してきた会社です。現在は、すべての企業情報をインターネット上で検索可能にしています。

⑥EC21【http://www.ec21.com/】

　韓国企業が運営している、アリババとよく似たタイプのBtoBサイトです。

⑦TradeIndia【http://www.tradeindia.com/】

　インド企業が運営している、アリババとよく似たタイプのBtoBサイトです。

旅行関係のサイト

　訪日客をターゲットにした旅行業、もしくは地域をPRしたい行政関係者のために、集客に影響力をもつおもなサイトをリストアップしました。

①japan-guide.com【http://www.japan-guide.com/】

　訪日前の外国人が英語で日本の観光情報を収集するサイトとしては

世界有数。リピーターが多く、日本全国（47都道府県）のすべてをカバーしています（178ページ以降の事例参照）。

②**backpackers**（背包客桟）【http://www.backpackers.com.tw/】
台湾からの旅行者が最も参考にするといわれている観光サイトです。

③**TripAdvisor**【https://www.tripadvisor.com/】
世界最大の旅行口コミサイトです。

④**C-Trip**【http://www.ctrip.com/】
中国最大級の旅行予約サイトです。

⑤**百度旅游**【http://1vyou.baidu.com/】
中国最大手の検索エンジン、百度が運営する旅行情報サイトです。

海外向けプレスリリース

自社のニュースリリースを世界中のメディアに配信したい場合、海外向けにオンラインでプレスへの配信代行を行なう企業が存在します。下記の2社が世界でも有名で、日本でもサービスを行なっています。

①**BusinessWire**【https://services.businesswire.com/japan】
ウォーレン・バフェット氏のバークシャー・ハサウェイが所有する世界的なニュース配信会社。同社から配信されたニュースは、世界中の企業が契約しているロイターやブルームバーグの金融ターミナルにも自動的に表示されます。

②**共同通信PRワイヤー**
【http://prw.kyodonews.jp/opn/service/kaigai/】
米国のPRニュースワイヤーと日本の共同通信が提携して行なっているサービスです。

動画や映像を使った マーケティング

multilingual web site
7

近年の世界規模での回線速度の上昇や情報圧縮・転送技術の進化によって、動画や映像を用いたマーケティングやプロモーションの有用性がますます高まっています。海外向けのwebマーケティングにおいても、動画や映像を効果的に利用するいくつかのシチュエーションが考えられます。

▶▶▶ 動画・映像が有効な４つのシチュエーション

1つめは、観光プロモーション等を目的とする外国語webサイトでの利用です。その場所の風景や美しさを表現する方法としては、写真に加えて映像を利用することで、より変化に富んだ魅力を訴求できます。また、風景映像は言葉による説明をほとんど必要としないため、海外向けにも国内用の映像をそのまま利用できるというメリットがあります。さらに、ドローン等を利用した空撮等によって、より立体的な映像と広範囲の景観を見せることができます。

撮影技術のハードルも下がっています。たとえば「タイムラプス」と呼ばれるコマ送りスタイルの動画は、夕暮れどきに刻々と変化する風景や、街の中を行き交う人々の動きを魅力的に表現できるものですが、個人のスマートフォンで簡単に撮影・編集が可能になっています。

2つめのシチュエーションは、料理に関するものです。カフェやレストランでの美味しそうな料理の映像はもちろんのこと、レシピなど

料理の手順をわかりやすく説明する際にも利用できます。私が個人的に最も効果的だと感じたのは、和牛肉が鉄板の上でジュージューと音をたてている映像です。こういった動画は、万国共通で（とくに空腹時の人には）破壊力があるものです。

3つめは、BtoBに利用する製造現場の模様です。たとえば、製品の耐久性を証明するための衝突実験や、機械の操作性能を表わすための各種動作を映像化できれば、言語だけの説明に依存することなく、見る人に"リアリティ"を与えることができます。**イメージとしてはweb上で24時間365日の国際展示会に出展しているようなもの**です。

4つめは、webサービス等の手順を説明する場合です。とくに新しいサービスの利用方法など、文章と写真だけで伝えようとすると煩雑になることが多いものでも、少し解説を加えて動画で説明するだけで非常にわかりやすくなります。

こうした動画や映像は、自社サーバーにアップして見てもらう方法もありますが、現在では、YouTubeにアップした動画を自社サイト内にエンベッド（埋込み）する方法がよいでしょう。理由は、動画再生の際に回線読込みの速度が安定していることと、動画検索等にヒットして、外部の人に見てもらえる機会が増えるからです。

その際、1点だけ注意していただきたいのは、3章で挙げた中国のネット規制で、YouTubeがその対象になっていることです（117ページ参照）。そのため、中国語のwebサイトに掲載する動画をYouTubeからエンベッドすると、中国本土からはページ全体の表示に影響を及ぼします。代わりに、中国では、中国版YouTubeともいわれるYouku（优酷）という動画共有サイト（http://www.youku.com/）が存在しますので、そちらの利用をお勧めします。ただし、登録には、中国本土の協力者が必要な場合もあります。

multilingual web site

8 オフラインと連携した マーケティング

　本書では、インターネットをいかにして海外向けビジネスに利用するかをテーマにしていますが、その効果を高めるには、オフラインとの連携も効果的です。

　たとえば、海外の展示会に出展するにあたり、事前にメールやwebサイト上で来場可能性のある取引先や潜在顧客に案内を行なうなどの方法は、現在でも多くの企業で取り組まれていることでしょう。

▶▶▶ 多言語対応ツール、QR Translator

　自社の取引先や潜在顧客となり得る人たちに届けたい情報を届ける手段としては、ユーザーの母国語でその情報が記載されたパンフレットやwebページに誘導して見てもらうことが最も効果的です。そこで、私が関わるPIJIN（ピジン）という会社では、「QR Translator」という便利なソリューションを開発しました。

　QR Translatorは、**日本語でしか書かれていないパンフレットや印刷物にある種のQRコードを貼り付けてもらうと、読み取った人がふ**

ニューヨークの国連事務所で開かれた日本酒の展示会で使用されたQR Translator

だん使っているスマートフォンの言語で翻訳を見ることができる仕組みです。つまり、フランス語を使う人が見ればフランス語で、中国語を使う人が見れば中国語が最初に表示され、その言語表示は切り替えることも可能です。

　このQRコードを、海外に発送する製品説明書や、商品のタグ、もしくは展示会のパネルなどに使用してもらうと、ふだん伝えきれない詳細な情報をユーザーの母国語で伝えることができます。たとえば、製品に使用している素材のこだわりや生産過程における品質管理の手法などです。QRコードは、QR Translatorのwebサイト上から、もとになる日本語と対応させる翻訳言語を選ぶだけで簡単に発行できます。

　また、QR Translatorは（印刷したQRコードはそのままに）、webの管理画面上から情報更新が可能で、翻訳に間違いが見つかった際などにも、たとえば海外の販売パートナーにその国の言語部分だけを修正してもらうことも可能になります。さらに、印刷したQRコードに対して、どの言語でどれくらいの人が読み取ってくれたのかのアクセス統計を見ることができますので、さまざまな分析に活用することが

図表4-3　QR Translatorの仕組み

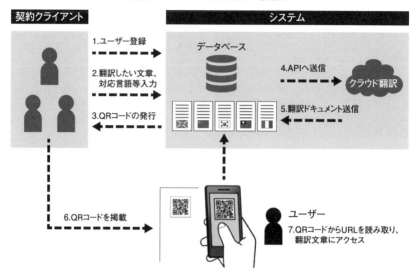

可能です。

　QR Translatorは、この後の5章でも成功事例としてご紹介している日本精機宝石工業、ハードロック工業のほか、日本発の子供服高級ブランドとして世界的に認知されつつあるミキハウスも活用しています。

　また、商品パッケージとしてはエスビー食品や岩塚製菓、観光地としては、京都伏見稲荷やパリのサクレ・クール寺院、そのほか、サンシャイン水族館、奈良市等の自治体、セブン-イレブン、関西国際空港、大手メーカーの自動販売機などでも利用されています。

5章

成功事例に学ぶ
世界市場の攻め方

multilingual web site

事例1 レコード針のネット直販で世界中の愛好者の心をつかむ
――日本精機宝石工業株式会社

　本章では、当社が支援させていただいた企業の例から、具体的なヒントを感じとっていただこうと思います。

　兵庫県新温泉町に本社・工場を構える日本精機宝石工業株式会社(略称JICO：ジコー)は、レコード針をはじめとする精密製品の製造販売を手がけています。同社は同じ兵庫県でも神戸市から200キロほど離れた日本海に面した町にあり、その立地条件が、自社で設計・製造・修理のすべてを行なう独立独歩の精神を培ったといいます。

　同社の沿革をさかのぼると、1873(明治6)年に縫い針製造を行なう「仲川製針工場」を創業し、戦後の1949(昭和24)年には、蓄音機用鋼鉄針の製造販売を開始。1966(昭和41)年には宝石レコード針の総合生産を始め、その後はダイヤモンドの装着技術を生かしたゲージコンタクト(計測ツール)、歯科用のダイヤモンドバー、DVDプレーヤーのピックアップレンズ用クリーナーなどの事業を展開しています。

　こうした歴史ある同社と私が出会ったのは2003年のこと。私が技術士の方々が集まる会合でお話をした際、社長の仲川和志氏が参加されていたことがそのきっかけでした。

▶ はじめてのネット直販を決意

　2003年というと、日本ではアナログレコードはすでに一部の愛好家

図表5-1　世界のアナログレコード販売額（1997～2014年）

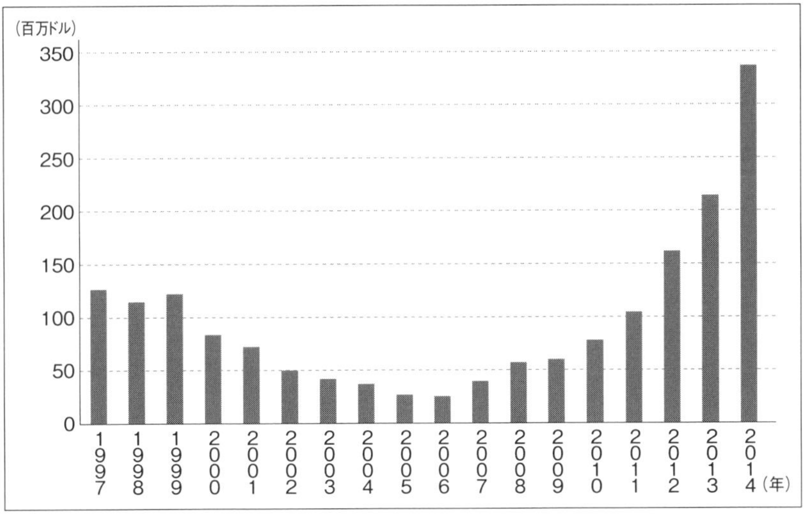

(百万ドル)

出典：IFPI

だけのものになっており、一般的にはCDやウォークマンなどのポータブルオーディオプレーヤーのデジタル音源が主流の時代です。ヨーロッパなどではアナログのレコードが大切にされ、ある程度のレコード針需要がありましたが、国内市場にはほとんど期待できない状況でした（現在は上表のとおり、世界的に再評価されて市場が広がっています）。つまり、世界市場でレコード針の新たなマーケットを開拓することは、同社にとって喫緊の課題だったわけです。

とはいえ、それまでに海外向け直販などの経験はありません。同社はホールセラー（卸売業者）やディストリビューター（中間流通業者）を通じて海外への販売を行なっており、国内でも問屋や小売店を通じて消費者に販売する形をとってきました。そのため、ネット直販は、老舗企業としての昔からの商習慣や商道徳に反するのではないかという危惧を抱かれたのだと思います。

しかし、市場環境は大きく変化を遂げており、その点を社長の仲川和志氏と弟の仲川幸宏専務が慎重に相談し、まずは海外向け直販の準備に入ることを決断されたのでした。

2200種類の製品の検索用データをつくる

同社で製造しているレコード針はおよそ2200種。それぞれのレコード針が、どこのメーカーのどのプレーヤーに使われているのかということがわかる検索システムをつくるのに、大変な労力がかかりました。ましてカートリッジが付け替えられていると、システムコンポやプレーヤーの型番を入力しても、現在使っているレコード針の型番を検索することができません。

また、日本国内のマーケットについては、カートリッジの型番とレコード針の型番の対応データはほぼ揃っているのですが、日本製品であっても海外輸出仕様のものはブランド名も型番も異なっていたりします。国内製品のようにデータが揃っているわけではありませんから、同社でその型番の対応をエクセルのデータにまとめていただくまでに、半年以上かかったのではないかと思います。

そして、サイトにアップするためには、2200種それぞれの製品写真、スペック、価格などのデータが必要です。1つひとつ写真撮影し、それぞれの情報についてもエクセルのデータにまとめてもらいました。結局、この準備に1年以上を費やしました。

当時は、国内の大手ポータルサイトでも英語でショップを出せるプラットフォームは一切ありません。そのため、こちらも試行錯誤しながらサイトの制作にあたりました。当時、国内向けにオープンソース

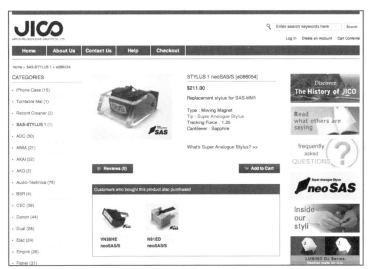

JICOのレコード針関連商品のwebサイト
http://www.jico-stylus.com/

で提供されていたネット販売用のプログラムをソースコードから英訳し、顧客データの入力フォームなども独自でカスタマイズして海外向けの仕様に変更しました。

また、海外で発行されたクレジットカードをネット決済できる会社が国内に存在しなかったため、イギリスを拠点とする決済会社に連絡を取り、決済機能の導入手続きや契約書の締結などもすべて英語で対応しながら業務を進めていきました。

最後に問題になったのが国際物流で、FedExやDHLのような大手は、小ロットの配送で利用すると非常に割高になります。さらに、一般的な国際郵便の場合、毎回窓口で手続きを行なうと配送の手間が過剰になってしまうという難点などもあり、これらの問題を1つひとつ解決していきました。

両社で頻繁に連絡を取り、情報を共有しながら、ようやくサイトを立ち上げたのは、2004年の12月です。しかし、しばらく経っても、アクセス数も注文数も伸びる気配がありませんでした。

　そこで取り組んだのが、他社との違いを明確にするための情報発信です。JICOの製品は、すべてがメイド・イン・ジャパンですから、**実際に製品をつくっている工程やベテラン職人の方をクローズアップして、品質の高さを伝える工夫をしました**。また、一般的にユーザーが検索するキーワードやレコード針の品番などで海外検索エンジンの上位に表示されるような対策も行ない、同社の製品を知らないユーザーに少しでも多く訪れてもらえるような工夫をしていきました。

　また、当時、インターネット上でのショッピングは、かなり一般的になってきていたものの、一部の人は、初めて訪れるwebサイトで、慣れない決済手段を使うことを嫌がっているかもしれないと思い、既存の決済手段にPayPal（ペイパル）を追加してみました。PayPalは、すでに2章でもご説明したとおり、ネットオークションの決済などに使われる手軽な送金手段で、手数料も比較的低廉です。そして、このPayPal決済を導入することによって、新たな注文が明らかに増加し始めました。

▶▶▶ レビューと口コミで人気に火がつく

　こうして徐々にサイトの改善を図りつつ、少しずつビジネスを軌道に乗せていったわけですが、**売上の増加に貢献した要素として最も大きかったのはネット上の「ユーザー評価」**だったと分析しています。
　JICOの製品は、実際に製品を購入してくれたお客様の評価が非常に高く、サイト上のレビューでは、いまでも購入者の90パーセント以

上がファイブスター（五つ星）を付けてくれています。

　もちろん、サイト運営側は何の操作もしていません。もし、一度でも変な操作をして、それがばれてしまったら、失った信用は取り返しがつきません。

　さらに、第三者が運営している海外のオーディオマニア向けサイトでも評判になりました。その評価を見て、多くのユーザーがJICOの製品を名指しで購入してくれるようになったのです。そして、その高評価を不動のものにしたのが、同社がオリジナルで開発したサス（SAS：Super Analog Stylus）という高級レコード針でした。

　SASは同社だけのオリジナルで、値段は普通の針の3倍ほどするため、高すぎて売れないのではないかと当初は考えていたのですが、実際のネット直販では、そればかりが売れるようになりました。
　現在、同社のレコード針の出荷本数は年間17万〜18万本ほどで、そのうちSASは2000〜3000本。価格は普通の針が3000円程度で、SASはその4倍の1万2000円です。
　9割が海外向けで、残りの1割が国内に出荷されており、数量ではホールセラー向けが9割、エンドユーザー向けが1割ですが、売上ではその比率がほぼ3対1になっています。

　それでは、ここで同社の仲川専務にご登場いただくことにしましょう。

コンシューマーの高い要求に応え続ける

日本精機宝石工業株式会社　専務取締役　**仲川幸宏**氏

　当社は明治初期に縫い針メーカーとして創業した古い会社で、現在は兄の和志が社長を務め、私が専務として経営にあたっています。

　webサイトで世界中にレコード針を売ろうというアイデアは、2003年に兄が高岡社長の講演を聴いてきたことに始まります。

　兄はその講演を聴いて帰ってくるなり、高岡社長の名刺を見せて「すごく面白い人に会った！」と興奮気味に話をするのです。そして当時、営業本部長を務めていた私に、「webサイトでレコード針を売るのはありかな」と問いかけてきます。

　このときに限らず、兄は何か茫洋としたアイデアが浮かぶと私にその内容を話して、私の反応を見るのです。つまり、私がピンとくるかどうかを重視してくれていて、ピンとくるようならば、そのアイデアが実現する可能性があると判断しているわけです。そのとき、私はいけるだろうと直感しました。

　まずはやってみようということで、翌日、早速高岡社長に連絡を入れて、二人でオフィスにお邪魔したのです。しかし、このときは、その後、あんなに苦労するとは思ってもいませんでした（笑）。

専門的な問い合わせに丁寧に応える

　まず、最初の苦労は、検索用のデータベースに2200種類のレコード針をいかに登録するかということでした。これは気の遠くなるような作業でした。その次に苦労したのが問い合わせへの対応です。それまではBtoB取引ばかりですから、それほど多くの問い合わせは来ないわけです。ところが今度はBtoC取引で、相手はコアな音楽ファンば

かりですから、コンシューマー1人ひとりからかなり専門的な問い合わせが英語で来ます。それに1つひとつ、丁寧に答えていきました。

よりしっかりと対応できる体制にしていこうと、英語ができる20代の社員を雇い入れましたが、英語はわかっても、レコードの知識は乏しいわけです。そこで、その社員は頻繁に工場に足を運び、ときには泊まり込みで現場に張りつき、どのように音が出るのかというメカニズムから必死に勉強してくれました。

日本の習慣や常識を忘れてみる

海外向けのwebマーケティングでは、目標をしっかり掲げて、いろいろなところに目配りしながら、手を打っていくことが必要だと思います。できるだけコストをかけずに知恵を絞り、日本の習慣や常識をいったん忘れ、自分が欧米人ユーザーになったつもりで自社のサイトに行き、実際にそこで買ってみる。そうしてみて、ショッピングカートの使い勝手とか、注意書きの書き方など、些細な部分に気づいて、改善に結びついたことも少なくありません。

またインターネットは、小さな口コミを一瞬で世界に広げる力をもっています。そして、それは平和なビジネスの世界だけでなく、戦争や革命、テロといったものとも密接に関係します。だからこそ、自分たちがネットを使って商売をしているのなら、とにかく危険なことに対しては、それを回避するために何らかの手を打っておく必要はあると思います。

イエス・ノーではっきり答える

いま、当社が世界を相手に商売するにあたって心がけていることは、「できることはできる。できないことはできない」と、イエス・ノーをはっきりさせることです。海外では、日本的な曖昧な物言いやグレーな表現は通じません。また、脅しをかけるような相手もなかにはい

ますが、そういう場合は何も反応しないことが正解です。

　たとえば、破損、不良、未着などのトラブルについては一定のルールをつくり、どのコンシューマーにも同じように対応するようにしています。また、それだけでなく、個々のトラブルについては、常に誠意を尽くすことも重要視しています。

　グローバルな商売であっても、日本のメーカーであるというプライドをもって、真摯かつ実直にカスタマーと向き合うことが大切だと思いますね。

　現在は、世界的なアナログ・レコードのブーム再燃もあり、往年の売上を凌駕するところまで数字を戻してきました。

　今後は、私たち兄弟のイズムやアイデンティティ（または価値観、センス）を次世代の人たちにしっかりと継承しなければならないと考え行動しています。それと並行して「世界中でわが社のごひいき（ファン）」を増やしていきたいとも考え、英語での対応度を拡充すべくアメリカ人のスタッフも雇用し、社内からの国際化も推し進めています。

　近頃の私の夢は、世界のどこかで年に1回「わが社のファンミーディング」を実施することです。その光景（ゴール）も、いまは色付きで見えています。

日本精機宝石工業株式会社

- 本社　兵庫県美方郡新温泉町
- 創業　1959年
- 従業員数　59名
- 年商　5億円
- http://www.jico-stylus.com/　（海外向け販売サイト）

最後に、同社の成功要因を分析してまとめてみました。

成功要因①……商品特性

海外向けのネット販売の場合、成功の可否を大きく左右する要因の1つに商品特性があります。JICOが販売するレコード針は、その特性として、①**種類が多い**、②**単価が高い**、③**国際配送に適している**、という重要な3つの要素を備えていました。

まず、「商品の種類」が多いということは、リアルな一般の小売店では、商品陳列や在庫にコストがかかるため、扱いにくいという事情があります。また、製品の見た目に大きな差異がなく、型番などによって自分の希望商品を見つける必要がある際には、ネット上で検索することが最も効率的であるので、商品の種類が多い製品はネット販売向きであるともいえるでしょう。

次に、「商品単価が高い」ことは、海外向けのネット販売ではとくに重要です。海外への配送コストは、レコード針のような商品でもEMS（国際スピード郵便）を利用するとヨーロッパ向けで2000円以上の配送費用がかかります。コンシューマーとしては、「商品本体の費用に占める配送費用の割合」を気にしますから、購入商品の本体価格はある程度高額のものでなければ購入意欲は逆に減退します。

最後に、レコード針という製品は「国際配送にも適して」いました。具体的には、生鮮食品のように配送中の短期間で腐食することもなく、比較的温度変化にも強いといえます。また、衝撃等で製品が破損するリスクはありますが。これは、梱包方法の工夫である程度カバーすることが可能です。そして、最も大きな要素としては、各国での通関の際、輸入禁止品目と間違われて、通関時に差し止められることが比較

的少ない商品でもあるのです。

成功要因②……技術力

　技術力は、海外向けのネット販売のみならず、企業のビジネスの成否そのものを大きく左右する要因です。本項の最初でも、ネット上の口コミから販売量が増加したことを紹介しましたが、ネット上での英語による評価は、地球レベルの井戸端会議といえるのです。

　下記は、インターネットを経由して、実際に同社に届いたコンシューマーからの声です。この内容で、同社製品がいかに高い評価を得ているか、またこういったフィードバックを受けた製造現場のモチベーションがどのように変化していくかも想像していただけるかと思います。

《ユーザー1》
Hello, first I must tell you how pleased I am with your SAS stylus for the Shure M91-MG-D. Never heard such an undistorted sound and clear and brilliance chorus music or critical LPs. I never managed to handle it even with the much more costs like the v.d.Hul EMT!
【訳】こんにちは。まず最初に貴社のSAS針（シュアーM91-MG-D用）を手に入れて私がどれほど喜んでいるかを伝えたいと思います。私は、かつてこれほどひずみの少ないクリアーですばらしいコーラス音を聞いたことはありませんでした。そして、他社の製品に高い費用を払っても、これまで決して手に入れることができなかった音です！

《ユーザー2》
I understand it will take 2-3 weeks for my order to be shipped. I do not need it right away so that is not a problem for me. It is a very good product and worth waiting for.

【訳】出荷まで２、３週間かかってしまう旨、了解しました。いますぐに必要なわけではないので問題ありません。貴社の製品はとてもすばらしいので待つ価値はありますね。

《ユーザー３》
I am the happy owner of 2 SAS stylus, using om my Shure M97xE pick up, and they both sounds very very good in my system, ………………… Thank you very much for doing this fine stylus.
【訳】私は、幸せにもシュアーM97xEのピックアップに２つのSAS針を使用しています。………………こんなすばらしい針をつくってくれて本当にありがとう。

成功要因③……長期間の継続的な努力

　私が長年、海外向けのwebマーケティングに専門的に取り組んできて、確信をもつに至った成功要因は、「**短期で終わらない運営努力**」です。「インターネットはスピードが勝負だから」という論調が一般的ですが、ビジネスの本質はインターネットでもリアルでも大きく変わりません。それぞれの企業が得る評判は、当然、インターネットを経由するものが、早く、広く伝わっていくのですが、４章で述べた「漁礁」のイメージのように、そういった評価が定着して結果につながっていくには、一定の時間が必要です。

　同社との取組みでも、結果がなかなか出ない時期に双方とも諦めかけたことがありました。しかし、ユーザーに向き合って真摯に継続的な取組みをしていくうちに、チャンスは広がっていったのです。

事例2 「絶対にゆるまないネジ」で世界各地のニーズに対応する

―― ハードロック工業株式会社

　関西の中小製造業のメッカ、東大阪市に本社・工場を構えるハードロック工業株式会社は1974（昭和49）年の創業。同社の創業社長・若林克彦氏は1973年、伝統建築のクサビの技術を応用した画期的な「ゆるまないネジ」を開発し特許を取得しています。

　この「ゆるまないネジ」の技術はハードロックナットとして商品化され、振動などによってゆるむことが許されない新幹線の車両や、風力発電施設、日常メンテナンスの難しい橋梁や各種高層建築物などに採用されています。

　同社との出会いは2005年、中小企業基盤整備機構が運営するクリエイション・コア東大阪（現：ものづくりビジネスセンター大阪）で、当社（エクスポート・ジャパン）が200社の中小製造業を集めて、日本語と英語で国内外へ情報発信を行なうBtoBのポータルサイト運営を任されていた時期でした。ちょうどそのポータルサイトにも参加し、施設の貿易アドバイザーと輸出業務に関わる相談をされていた同社の林雅彦氏（取締役企画部長）を紹介していただいたのがきっかけです。その後、当社が担当して同社単独の英語版サイト構築をすることになり、web活用による本格的な海外販路の開拓に踏み出したのです。

▶▶▶ 海外市場開拓への道のり

　すでにできていた日本語サイトの内容も見直し、日本語版と英語版

https://www.hardlock.co.jp/en/products/hln/

https://www.hardlock.co.jp/en/products/hln/test/

ハードロック工業webサイトの英文ページ

のwebサイトを当社で制作しました。気をつけたポイントは、同社製品の潜在顧客となり得るユーザーをどのようにサイトまで誘導するかということと、サイトに訪れたユーザーに、どうやって製品に対する信頼性をもってもらうかということです。

　前者については、ゆるまない（anti-loosening）をキーワードにし

て、海外の検索エンジンなどで上位表示が実現できるようにし、後者については、実際の振動テストを動画で掲載したり、実験データや明書類をサイト上で開示するなどしました。

　そのうち、英語版のサイトを通じて、ハードロックナットを使いたいという問い合わせが少しずつ増加し、韓国、ヨーロッパ、オーストラリアなどの企業からは、代理店になりたい旨のアプローチもありました。日本連合による台湾高速鉄道事業（2007年開通）建設の際には、新幹線車両をはじめ架線、駅舎、信号機器、レール締結装置とすべての箇所にハードロックナットがほぼ独占的に採用され、合計400万セット以上を納入しました。ハードロック工業にとって、初の海外大型プロジェクトの受注実績となったのです。

　その後も、増え続ける海外からの引き合いによって、同社は、日本の中小企業全体に新しい道筋を提示する象徴的な存在になっていきました。つまり、ナットという**既存製品であっても、そこに新しい機能を付加することによって新しい付加価値が創造できること**。そして、**ニッチ分野の製品であっても世界でシェアをとることによってグローバルな市場で生き残っていける**という希望です。

　そして、2007年にはNewsweekが選ぶ「世界が注目する日本の中小企業100社」に、2010年には日本発明大賞、2011年には若林社長が日本イノベーター大賞に輝く（前年の同賞受賞は小惑星探査機「はやぶさ」プロジェクトを指揮した川口淳一郎氏）など、数々の栄誉ある賞を受賞しました。

　それでは、ここで同社のwebサイト構築に汗を流した担当者の林雅彦さんにご登場いただきます。体験者ならではのお話はサイトの構築面だけでなく、海外展開そのもののヒントにも満ちています。

国内の実績と裏付けを丁寧に発信

ハードロック工業株式会社　取締役企画部長　**林 雅彦**氏

　私は、1996年にそれまで勤めていた商社からハードロック工業に転職しましたが、当時は、直接外国と取引するノウハウがなく、海外需要には商社やプラントメーカーを通じて製品を供給する形を取っていました。

　「これからはネットを通じて世界に情報発信するべきだ」と考え、クリエイション・コアの貿易アドバイザーに相談したところ、エクスポート・ジャパンの高岡社長を紹介され、そこから同社と一緒に英語版のwebサイトを立ち上げていきました。

英語版サイトを軸にユーザーを開拓

　一朝一夕に引き合いが殺到するということはありませんでしたが、サイトに掲載する情報量を増やしていくうちに、徐々に海外からも声がかかるようになっていきました。また、並行して、欧米企業にEメールでセールスレターを送るなど、少しずつでも海外での認知度を上げていくための努力を続けました。

　現在、ハードロックナットの海外での採用実績が増えてきたことによって、当社の海外取引比率は大きく伸びています。英語版webサイトなどを通じて地道に情報発信してきた結果だと思いますが、製品のユーザーは鉄道や橋梁関係に留まらず、鉱山開発などの巨大なプラント・設備にも拡大してきました。

　たとえば、ブラジルのVALE（ヴァーレ）という世界トップクラスの資源開発会社は、鉄鉱石を山で採掘し、長距離を鉄道貨物で運び、港に着いたらそれを反転させ、ふるい機にかけて選別し、無人運転で

何十キロ先まで運搬しています。

現地へ出向くことも重要

　実際に現地に行って見てみると、ベルトコンベアで採掘した鉄鉱石を流して貨車に積み込み、港まで運んでふるい機にかけるわけですが、それはすごいスケールでした。なにしろ鉱山から港まで1000キロ以上もあり、貨物列車も一編成300両程度の長大なもので、貨車同士がぶつかりあうように進むので、その振動ですべてのネジがゆるんでしまうのです。

　しかも暑い国で、メンテナンスに人手はかけられません。もしネジがゆるんだら設備が止まり、大きな損失につながります。そのため、当社のハードロックナットが評価されたのでした。いま、少しずつ出荷が始まっているところですが、この取引もwebサイトで検索してもらったことがきっかけとなっています。

　他のエリアでも、ハードロックナットは注目されています。ロシアにはガスプロムという世界最大の天然ガス会社があります。政府が株式の過半を握る独占企業ですが、シベリアの長大なパイプライン設備などにハードロックナットの検討が始まっています。

　オーストラリアでは、ウェスティングハウスシグナルという会社が衛星を使って鉄道の信号を管理しています。シドニーでその会社の担当者に聞いたところ、アリススプリングという砂漠の真ん中でネジがゆるんでいるといわれても、シドニーからクルマで3日ほど走らないと締めに行けないというのです。

　つまり、3日かけて行ってネジを締めて、3日かけて帰ってくるということです。とてもそんな手間はかけられないということで、全部ハードロックナットにしていきたいという話になったようです。

　これら資源国での設備は、点検して回れないほど距離が長かったり面積が広大だったりするため、ハードロックナットは非常に大きな需

要があるといえます。

実績の裏付けとなる情報を発信する

　国内では、明石海峡大橋や東京スカイツリー、それに東西の有名なテーマパークにも数多く使われています。やはり、メンテナンスが簡単ではない設備や、特別に安全性が要求されるところに使われることが多いですね。

　海外展開の余地はまだまだあると思いますが、国内でこれだけ評価していただいている製品だからこそ、海外でも通用するのだと考えています。

　その意味でも、社長のもとで磨いてきた技術力を武器に、国内での実績をしっかり固めていくことが大切だと思います。その実績の裏付けとなる情報を、効果的に国内外のお客様に知っていただくようにすることが、自分の仕事だと肝に銘じています。

ハードロック工業株式会社
- 本社　大阪府東大阪市
- 創業　1974年
- 従業員数　70名
- 年商　15億6000万円
- https://www.hardlock.co.jp/

同社の成功要因としては、日本精機宝石工業とも共通していますが、まず、**①海外にも大きな潜在的な市場が存在したこと、②海外からの引き合いに対して対応できる体制が社内に存在したこと**、の２点になると思います。

　製品の機能面に専門性がある同社のような場合では、本当に必要な人にその情報を届けることができれば、サイト訪問から引き合いへ、そして引き合いから実際のビジネスにつながる可能性が高くなります。

　特定の検索キーワードを狙ったサイト誘導や、専門的なテストデータの提供は、世界中でインターネットを利用する人の99％以上に関係がなくても、自社がターゲットとする１％以下の人たちに理解してもらえれば成功です。インターネットで行なうBtoB向けのマーケティングでは、対象製品の専門性が高ければ高いほどターゲットは少なくなります。ただし、その**数が少なくなればなるほど、情報を見てくれた相手先の本気度は高い**のです。そして、絞られた引き合いに対して、社内でしっかり対応できる人がいれば、その後のビジネスの成約確率も高いものになっていきます。

▶▶▶ webサイトに限らない多言語への取組み

　ハードロック工業の海外向けサイトは、現時点では英語版だけですが、実際には、韓国、中国、台湾など、英語圏以外の東南アジアの国々などからも多くアクセスされています。

　それらの言語で展開できれば、もっと普及率が高まるかもしれませんが、どこまでコストと労力をかけて、どれくらいのリターンが得られるかという問題になるでしょう。紙ベースのカタログは、英語版に加え韓国語版、中国語版、ポルトガル語版、ロシア語版をつくって、現地の代理店に送っています。

展示会に出展する際は、そうしたカタログを用意していくそうですが、過去にはこんなこともあったそうです。ドイツの展示会に出展するとき、英語、ドイツ語、フランス語、スペイン語が記載された4か国語のカタログをつくっておいたのですが、展示会にはハンガリー、ルーマニア、ポーランドなど旧東欧の周辺各国からも関係者が続々とやってくるので、用意していた4か国語のものだけでは間に合わないことがわかりました。

　そこで同社では、英国・ケンブリッジ大学の近くにオフィスがある代理店で、世界各国からやってくるケンブリッジの留学生にアルバイトで自国語に翻訳をしてもらい、十数か国語のハードロック工業のカタログをつくり、ドイツの展示会で配布したのだそうです。旧東欧諸国の人はあまり英語を使わないため、母国語で書いてあるものを見せたほうが有利。事実、そうすることで販路が広がったといいます。

　それとは別に、意外な盲点だったのは、アメリカのある建設現場でも、英語で書かれた作業手順書が読めない人がいるということ。ここで働く作業員はたまたまメキシコ人であったため、スペイン語しか理解できないということで、スペイン語での作業手順書を作成して送ったことがありました。

　同様に、ドイツではトルコから出稼ぎに来ている人が多く、その多くはドイツ語を理解できません。つまり、出稼ぎや移民のことを考えると、その国の言語だけでは十分とはいえないのです。なかなか対応できることではありませんが、海外ではそういうことも多いので、頭に入れておきたいところではあります。

　パンフレット等の紙媒体を多言語対応させる方法としては、4章でご紹介したQR Translatorという便利なサービスもあります。私が関係する会社で開発したものなので、少し宣伝になってしまいますが、ハードロック工業でもご利用いただいています。

multilingual web site

事例3

訪日外国人から絶大な支持を受ける日本観光のポータルサイト
――ジャパンガイド株式会社(japan-guide.com)

　ここまでは、日本の製造業で海外への事業展開に成功した2社の事例を見てきました。前出の企業とはいささか趣を異にしますが、私が社外取締役を務めるジャパンガイド株式会社の取組みについて、ご紹介しましょう。

▶▶▶ 世界有数の日本観光サイト

　ジャパンガイド株式会社が運営するjapan-guide.comは、1996年にスイス人のステファン・シャウエッカー氏が立ち上げた、日本を世界に紹介する英語のwebサイトです。2016年現在、毎月約160万人～200万人（ユニークユーザー数）がサイトを訪れ、日本の生活・観光情報を収集しています。

　また、このサイトには外国人同士が日本に関する情報交換を行なうフォーラム（Forum）があり、毎月約4000件のやりとりが交わされています。このフォーラムに投稿するには、webサイトの会員として登録する必要がありますが、その登録会員数は、2016年8月で95万人を超えました。これは、私の知るかぎり、日本に関する（英語を共通語とする）外国人のコミュニティとしては世界最大であろうと思っています。

　ちなみに、世界で最も多くの人に利用されている検索エンジンGoogle.comの英語版で、"Japan"のキーワードで検索すると、japan-guide.comは世界で常に3位以内に表示されています。

ジャパンガイドの成り立ち

　前述のとおり、japan-guide.comは1996年にスイス人のステファンにより開設されました。当時、ステファンはカナダに留学中のコンピュータサイエンスを専攻する大学生で、日本人との交流を通じて、日本に興味をもったことがそのきっかけです。

　96年当時は、インターネット上にあるホームページも数が限られていて、japan-guide.comは、現存する日本を紹介する英語のwebサイトの中では、世界で最初に登場したといっても間違いではないでしょう。ちなみに、japan-guide.comの一番初めのコンテンツは「お好み焼きの作り方」でした。

　そこからステファン自身が少しずつコンテンツを増やしていき、2003年には、結婚した日本人女性（光代さん）の実家がある群馬県に移住してきました。海外向けに情報発信力のあるサイトを探していた私がネット経由でコンタクトを取ったのも、この頃のことでした。

　当初、趣味からスタートしたjapan-guide.comは、2003年には、月間で100万ページビューを集める日本有数の外国人向け観光サイトに成長していました。そして私たちは双方で約束をし、私の会社（エクスポート・ジャパン）がジャパンガイドの日本での窓口になり広告を販売すること、ただし、webサイトのコンテンツや運営そのものについては口出ししないことなどを取り決めました。

　その後、ステファンはjapan-guide.comを自身のビジネスの中心に据え、2007年にジャパンガイド株式会社として法人化しました。現在、私はジャパンガイド株式会社の社外取締役で、彼はエクスポート・ジ

ジャパンガイドの箱根紹介記事。外国の人々が何に目をひかれるか、参考になる。
http://www.japan-guide.com/

ャパン株式会社の社外取締役であるという関係です。

　ジャパンガイド株式会社はいまでも本社を群馬県（奥さんの実家の２階）に置いたまま、月間で1000万ページビューを超えることもある人気サイトを、3名の英語ネイティブライターとともに少人数で切り盛りしています。

▶▶▶ ジャパンガイドの運営ポリシー

　ジャパンガイドは、設立からこれまで、揺るがない3つの運営ポリシーをもってサイトを育ててきました。

　1つめは、**必ず現地に足を運んで取材を行なう**ということです。ジャパンガイドのコンテンツは、現在、日本全国47都道府県にある1400

か所以上の観光情報をカバーしています。しかし、そのいずれも、観光ガイドブックなどを参考にして又聞きで書いたコンテンツは存在しておらず、すべての場所に実際に足を運んで、自分たちで撮影した写真をサイトに掲載しています。さらに、現地で感じた"空気感"も記事を通してユーザーに伝わるため、長年、利用しているユーザーからは、「ジャパンガイドの情報は裏切らない」という、うれしいフィードバックをもらっています。

2つめのポリシーは、**情報更新をしっかり行なう**ということです。個々の記事は書いたら書きっぱなしということはなく、施設の入場料やアクセスする交通手段の変更などがあれば、常に情報を更新しています。また、桜や紅葉の時期には、日本全国の前線をステファン自身やライターが追いかけて、リアルタイムの情報や予測情報などを記事にしています。こういった事情もあって、ジャパンガイドのオフィスには大きな日本地図が貼られています。いつ、どの時期に誰が取材に行くかを、1年先まで計画を立てているためです。

このジャパンガイドの情報更新の即時性が大きく試されたのが、東日本大震災でした。福島原発の事故で、世界中のメディアがセンセーショナルな報道に終始していた際も、放射能汚染の影響範囲などを冷静に分析し、日本への旅行者と滞在者向けに高頻度でwebサイトを更新し続けました。このことは、日本のその後の急激なインバウンド需要の回復にも一定の貢献をしたのではないかと感じています。

3つめのポリシーは、**ユーザーに対して誠実である**ということです。旅行情報を紹介するwebサイトは、ほぼ例外なくスポンサーによる広告がおもな収入源になっています。ジャパンガイドにおいてもそれは変わりません。しかし、ジャパンガイドでは、スポンサーになってく

れた観光地をことさらよく書くことはせず、スポンサーの求めに応じた記事をつくる場合には「これは広告です」とユーザーがわかるようにしています。

また、広告の内容についても、ユーザーに対して好ましくないものは極力排除しています。ジャパンガイドのサイトにリピーターやコアなユーザーが多いことは、このような情報の信頼性に裏打ちされているからと考えています。

「過剰なSEO」は長期的には無意味

「Nikko」や「Miyajima」など、日本の主要な観光地のキーワードを英語のGoogle.comで検索すると、たいていjapan-guide.comの該当ページが上位に表示されます。ただし、japan-guide.comでは、意図的に検索エンジンを欺こうとするような過剰はSEO対策を行なったことはありません。「過剰な」というのは、一時期、日本でも流行したような、ダミーページをつくってそこからリンクを貼って検索順位を上げることです。これは他の企業のwebサイト作成の場合でも同じです。

それなのに、どうして検索エンジン順位が高いのでしょうか。それは、コンテンツの質であったり、Googleも推奨するロジカルなサイト構成であったり、わかりやすいページタイトルのつけ方、ということに起因しています。

「過剰な」SEO対策は、一時的には効果を発揮することがあっても、Googleなどがそれに合わせて対策を取ってくると、結局は長期的にネガティブな結果を招きます。つまり、**サイト運営は、短期の結果に一喜一憂せず、常に「王道」を意識することが最終的な成果につながっ**ていくのです。

それでは、最後に、japan-guide.comの成功要因を、できるだけ客観的に分析してみましょう。

成功要因①……外国人目線

ジャパンガイドは、運営者のステファン自身が外国人ということもあり、日本を旅行する外国人の視点から日本のさまざまな観光地を紹介しています。また、文章は別の言語で書いたものを翻訳するのではなく、初めから英語で書き起こすので、ライターの文章力が高ければ、自然とその記事も魅力的になります。

さらに、**webサイトでは、不思議と「類は友を呼ぶ」という現象が発生します**。これは、そのサイトを運営管理する人と趣味や価値観が近い人が自然とそのサイトに集まってくるという意味です。ジャパンガイドは、ステファンを含むライターのメンバー全員が日本を（とくに地域ごとの原風景などが）好きな外国人で構成されているので、サイトを訪れるユーザーも、その嗜好を共有する人たちが多くなります。つまり、ユーザーの目線に最も近い人たちがコンテンツを作成管理していることが、1つの成功要因だといえるでしょう。

成功要因②……継続性

japan-guide.comは、20年間にわたって、サイトから発信される情報のコンセプトは変えずに、コンテンツの更新を続けてきました。ステファン本人は、年に数回の長期休暇を取りながらも、ほぼ365日体制でサイトに不可欠なメンテナンスを行なっています。また、サイトのユーザビリティやコンテンツについても、常に改善のサイクルを回して、それを20年間継続してきました。

これは、文章で書くと簡単ですが、実際に行なうとなるとなかなかマネができません。事実、これまでにも、japan-guide.comに似たサイトは大手資本も含めて数多く現われ、多くは数年で姿を消していきました。それほど、外国語サイトを効率的に運営し、長期にわたってビジネスとして継続していくことは難しいということを、それらの事実が表わしています。

　また、サイトの運営を長期に継続していくことは、検索エンジンの順位にある種のメリットをもたらします。これは、これまでの経験値による主観なのですが、Googleでは、**同一のドメインで同一のテーマに基づいた情報発信を高い更新頻度で長期間続けているほど、検索順位に好影響を与える**ようなのです。これは、Googleの検索アルゴリズムの中に「信頼性」をベースにした考え方があるとしたら納得がいきます。つまり、実社会で信用が形成されるプロセスと同じで、1つの専門分野に対して、長期間、価値ある情報を発信し続けられる人は「信用できる」ということになるのかもしれません。

成功要因③……ユーザーの声を吸い上げる仕組み

　すでに書いたように、japan-guide.comのフォーラムには、質問とリプライ（返信）を合わせて、月間4000件ほどの書き込みがコンスタントに発生しています。ジャパンガイドのチームは、これらすべての書込みに目を通して、誰も答えられない質問には自分たちで答えたりもしています。

　そして、そうすることによって、サイトに訪れるユーザーが、日本についてどういう情報を求めているか、どんな点に不便さを感じているかなど、その「傾向」がわかってきます。

たとえば、ユーザーから特定の地域に関する質問が増えてきて、それがjapan-guide.comでまだカバーしていない地域であれば、実際にその地域へ行って取材を行ない、新たなコンテンツを増やすのです。当たり前と言えば当たり前のことですが、この地道な作業の20年間の積み重ねが、現在のjapan-guide.comを形づくっています。

　最後に、本章でご紹介した3つの事例は、いずれも一朝一夕に成果が出たものではありません。しかし、私が長年、海外向けのwebマーケティングに携わってきて見えてきた真実であり、共通の結果です。

　たしかに、近年、SNS等の発達で情報伝達の仕組みは大きな変貌を遂げようとしています。しかし、ネットだからすべて速効性があると考えるのは間違いであり、瞬時に情報が伝わるメディアであるからこそ、じっくりと慎重に取り組み、中長期的にいい結果を出すことを考えていくべきだと思います。

おわりに

　日本実業出版社の編集部からこの本の企画をご提案いただいたとき、実際に出版できるものを私自身が執筆できるかどうかについては半信半疑でした。

　私は、2000年に現在の会社を起業してから、一貫してインターネットを使った海外向けの情報発信に取り組んできましたが、それは、日本として「今後必要とされる」分野であるという強い確信があったからです。

　ただし、「理論」ではなく、どちらかというと結果を出すための試行錯誤から現場感覚で進めてきたものですので、それを文章に書き起こしたり、データとしてまとめたりすることは考えてもいませんでした。そのため、実際の内容も「教科書」というよりは、少し自分の思い入れが詰まったものになっているかもしれません。

　1章でも少し述べましたが、私は、現在の会社を始める前、大阪にあるタイ領事館商務部（タイ政府貿易センター大阪）で勤務していて、タイから日本に輸出する製品の市場調査やマーケティング活動に従事していました。そこで、インターネットが急激に普及を始め、とくに国境を越えたマーケティング活動で、インターネットを利用する優位性を強く認識しました。また、外国の政府機関で働くという経験を通して、日本の国としての、また日本の産業分野の世界における立ち位置を客観的に見る機会に恵まれたのが、現在の仕事を始めた直接のきっかけとなりました。

　ただし、2000年代の初頭は、まだ各企業がやっと日本語のホームページをつくり始めたぐらいの時期で、「外国語のページをつくって、

さらにそれをビジネスに利用していきましょう」というような話は、ほとんどの場合、取り合っていただけませんでした。また、当社自身、蓄積されたノウハウもなく、会社としての信用力もゼロに等しい時期でしたからなおさらです。
　それでも、自分としては、どうしてもこの分野の事業を続けたいというこだわりがあり、いろいろな場で持論をお話しするうちに、2003年、大阪府の担当者の方から声をかけていただいた仕事が、府内の製造業200社を束ねる常設展示施設全体のwebサイト制作と運営管理でした。そこで、展示企業の日本語と英語のwebページをつくり、検索エンジン対策なども行なって情報発信を始めたところ、本当に世界の各国からさまざまな引き合いが届き始めました。

　当時、中国では新興の製造業が多く現われて、日本の製造業はコスト面のみで中国企業にシェアをすべて奪われてしまうのではないかと危惧されていた時代です。そして、中国製造業の世界進出をインターネット上でプロモーションしていたのが、当時、まだあまり有名でなかったアリババでした。
　私の会社は、アリババ以上の海外向けBtoBサイトを日本でつくろうと思って活動していましたが、そのころには初期のネットバブルも終わっており、大きな資金調達もできず、事業拡大をするまでには至りませんでした。

　そんなとき、前述の大阪府の施設で取り組んだ海外向けのwebマーケティングでは、ヘアブラシを製造している会社にヨーロッパの高級ブランドからOEM製造のオファーが届いたり、精密部材のメーカーに米国の航空大手から問い合わせが入ったり、耐腐食ネジのメーカーに中東のパイプライン利用のオファーが届いたりと、自分たちが想定していたことがどんどん現実になっていったのです。

また、そのなかで、情報を見つけてもらうルートや発信方法、問い合わせフォームをどのように変えると、どのような変化が起こるのかも体感できるようになっていきました。

　この本では、そういった過去からの取組みでうまくいったこと、そしてもちろん、うまくいかなかった数々の事例を自分の中で反芻しながら書き上げました。
　タイトルは「海外Webマーケティングの教科書」となっていますが、実際は教科書と呼べるような各方面から正しさを検証された内容ではないかもしれません。ただ、この本は、実践の中で身につけたノウハウや考え方をできるかぎり文章にして、少しでもこれから取組みを始められる方に伝えられるように執筆しました。

　私の知るかぎり、日本国内で海外向けのwebマーケティングに専門的に取り組んできた企業はあまり多くありません。もちろん、それは、１章でも書いた「日本が良すぎる市場」だったことから、海外市場へのニーズが少なかったからでもあるでしょう。もしくは、大きな成功事例が周りに出ていなかったこともその原因かもしれません。

　私が本書にまとめた内容は、「このとおりにやればできますよ」というマニュアル的なものではなく、世界市場で戦うための考え方の共有のようなものといえます。だからこそ、数年のスパンで変わってしまう内容よりは、できるだけ長期にわたって活用できる傾向や考え方をベースに書かせていただきました。
　検索エンジンで上位表示されやすくなる方法についても少し触れましたが、今後は、テクニックよりも、コンテンツそのものがより重視されるようになっていきます（Googleもそう表明しています）。
　それは、本書の中でも触れているOSやwebサービスのシェア情報

からもわかるように、世界全体でプラットフォームの共通化が進んでいるからです。また、さまざまなテクノロジーの進化や動画の普及によって、言語に依存しない情報伝達の手段も増えていくでしょう。さらに、SNSによる口コミは、消費者向けのレストラン情報に留まらず、まもなくビジネスにも伝播し、企業同士による相互評価が始まるかもしれません。

　そうすると、世界はますます「本物」を求めるようになり、製品やサービスの品質改善に注力してきた企業がより評価されるようになっていきます。
　日本企業は、日本という区切られた市場の中で改善サイクルを回してきたがゆえに、あらゆる部分で日本市場に最適化されたものができあがり、それが「ガラパゴス」と揶揄されるようになりました。
　しかし、いま、世界はグローバル化を終えて、非常に小さな市場になっているのです。日本企業は、今度はその「小さな」世界市場の中で同じような改善サイクルを回せばよいでしょう。そうすると世界市場に最適化された日本発の製品やサービスが数多く生み出されるはずだと信じています。

　最後に、最新のデータ収集や文章推敲、図の作成等には、エクスポート・ジャパンの社内スタッフにたくさん協力してもらいました。そして、度重なるスケジュールの遅れにも関わらず、忍耐強く最後までバックアップしていただいた日本実業出版社の編集部に、改めて御礼を申し上げます。

2016年10月

高岡謙二

高岡謙二（たかおか　けんじ）
エクスポート・ジャパン㈱代表取締役CEO。1967年徳島県生まれ。関西学院大学文学部を卒業後、90年、大手食品メーカーに入社。その後、ボクシングでプロライセンスを取得し、プロのリングで3戦を経験。引退後の95年、タイ王国大阪総領事館商務部（タイ国政府貿易センター）に勤務し、日本市場調査や貿易関連のビジネスマッチング業務を担当した後、神戸大学大学院（経営学研究科）に社会人入学。在学中の2000年にエクスポート・ジャパン株式会社を設立し、代表取締役に就任。海外向けに特化したWebプロモーション企業の草分けとして、東大阪の中小企業を世界に売り込むプロジェクトや日本の観光資源を世界に紹介する活動で多数の実績を上げる。同社の正社員は、フランス、スペイン、中国、日本などの多国籍で構成され、各産業分野のトップ企業と自治体・政府機関などを顧客にもつ。月間150万人以上が訪れる訪日・在日外国人向けポータルサイトであるジャパンガイド株式会社の取締役、QR Translatorを運営する株式会社PIJINの取締役会長を兼務。
http://www.export-japan.co.jp/

世界中に販路を拡げる
海外Webマーケティングの教科書
2016年10月20日　初版発行

著　者　高岡謙二　©K.Takaoka 2016
発行者　吉田啓二
発行所　株式会社日本実業出版社　東京都新宿区市谷本村町3-29 〒162-0845
　　　　　　　　　　　　　　　　大阪市北区西天満6-8-1 〒530-0047
　　　　編集部　☎03-3268-5651
　　　　営業部　☎03-3268-5161　振替　00170-1-25349
　　　　　　　　　　　　　　　　http://www.njg.co.jp/
印刷／厚徳社　　製本／若林製本

この本の内容についてのお問合せは、書面かFAX（03-3268-0832）にてお願い致します。
落丁・乱丁本は、送料小社負担にて、お取り替え致します。

ISBN 978-4-534-05410-4　Printed in JAPAN

日本実業出版社の本

「自社だけの市場」が必ず見つかる
中小製造業のための儲かるWebブランディングの教科書
村上肇　　定価 本体 1800円（税別）

「△△といえば○○製作所だね」という評価を得られれば中小製造業のブランディングは大成功！　本書は自社ウェブサイトを活用して、他社にない「技術力」「強み」「実績」を発信する方法を伝授。「脱下請け」と「新規開拓」を一気にかなえる1冊。

ホームページの制作から運用・集客のポイントまで
小さな会社のWeb担当者になったら読む本
山田案稜　　定価 本体 1600円（税別）

予算と人手に限りがある小さな企業を対象に、「売上につながるウェブサイト」を制作・運営するための知識と運用のノウハウを公開。業者選別の際の費用の相場や留意点など、担当者が知らなくてはいけない踏み込んだ知識も網羅した、本当に役立つ1冊。

この1冊ですべてわかる
ブランディングの基本
安原智樹　　定価 本体 1600円（税別）

顧客との絆の築き方から、ブランド・ストーリーのつくり方、ロングセラーの生み出し方まで、事例を挙げながら解説。読み進むうちに、ブランディングに必須の知識が身につき、自社や自社商品のブランディングへの第一歩を踏み出せるガイドブック。

定価変更の場合はご了承ください。